ESTADO DE DIREITO
E INTERPRETAÇÃO

**Por uma concepção jusrealista
e antiformalista do Estado de Direito**

S237e   Santoro, Emílio
         Estado de direito e interpretação: por uma concepção jusrealista
e antiformalista do estado de direito / Emílio Santoro; trad. Maria
Carmela Juan Buonfiglio, Giuseppe Tosi - Porto Alegre: Livraria do
Advogado Ed., 2005.
         130 p.; 16x23 cm.

         ISBN 85-7348-388-1

         1. Estado de direito. I. Buonfiglio, Maria Carmela Juan, trad.
II. Tosi, Giuseppe, trad. III. Título.

                                                        CDU - 342.2

         Índice para o catálogo sistemático:

Estado de direito

(Bibliotecária responsável: Marta Roberto, CRB-10/652)

Emílio Santoro
Professor de Sociologia do Direito na
Universidade de Florença, Itália.

ESTADO DE DIREITO E INTERPRETAÇÃO
Por uma concepção jusrealista e antiformalista do Estado de Direito

Tradução
**Maria Carmela Juan Buonfiglio
Giuseppe Tosi**

Porto Alegre, 2005

© Emílio Santoro, 2005

Tradução
Maria Carmela Juan Buonfiglio
Giuseppe Tosi

Capa, projeto gráfico e diagramação
Livraria do Advogado Editora

Revisão
Rosane Marques Borba

Direitos desta edição reservados por
Livraria do Advogado Editora Ltda.
Rua Riachuelo, 1338
90010-273 Porto Alegre RS
Fone/fax: 0800-51-7522
editora@livrariadoadvogado.com.br
www.doadvogado.com.br

Impresso no Brasil / Printed in Brazil

Agradeço Danilo Zolo, Raffaella Tucci, Pietro Costa, Eugenio Ripepe, Stefano Pietropaolo, Lucia Re, Paolo Cappelini, Monia Coralli e Brunella Casalini por terem lido uma versão anterior deste ensaio e por suas preciosas sugestões e comentários.

Prefácio

A obra que temos a honra de prefaciar vem assinada pelo professor Emílio Santoro, da Universidade de Firenze/Itália, o qual tem dedicado suas atividades acadêmicas ao debate profundo de algumas das questões que marcam a reflexão jurídica contemporânea.

Não é diferente neste trabalho, onde constrói uma tese acerca de uma concepção de Estado de Direito como uma "transição" de um *Estado da Lei* para um *Estado dos Direitos* no qual a função jurisdicional assume um papel central e onde o ensino jurídico precisa afastar-se de uma compreensão do Direito formal. Como sugere, o jurista deve ser capaz de problematizar os textos normativos, verificando *como e em que medida incidem na vida dos sujeitos*, sendo, assim, *capaz de garantir, nos casos singulares concretos, os direitos de liberdade contra a ideologia dominante da segurança e do contrato.*

Tomada desde este aspecto, a reflexão presente no texto assume-se como um debate que pretende não apenas revisar o significado do Estado de Direito, mas, e sobretudo, alicerçar os fundamentos necessários e suficientes para a sua concretização, em particular pela reconstrução do debate que envolve a *decisão jurídica, a interpretação e a sua ressignificação.*

Ora, o universo de questões expressas na obra tem ampla conexão, como dito acima, com alguns dos temas centrais da teoria jurídica atual, tocando lateralmente algumas das reflexões que nós mesmos vimos desenvolvendo, especialmente quanto ao *lócus* do Estado Constitucional e ao papel da jurisdição – constitucional – em um ambiente de *crise funcional* do Estado.

O primeiro aspecto é aquele que diz com os lugares "da" e "para a" Constituição pois, historicamente, estas estiveram vinculadas à fórmula estatal moderna, a partir da qual forjou-se o modelo do Estado Nacional Constitucional.

A contemporaneidade tem posto algumas novidades, em particular diante da emergência renovada da globalização. Assim, pensar os vínculos e as repercussões entre constitucionalismo e globalização implica não apenas a revisão do próprio papel do Estado Constitucional, como também das relações entre o direito constitucional e outros/novos âmbitos normativos.

Se, por um lado, a globalização impõe "restrições" à capacidade regulatória dos entes estatais, impulsionando inclusive uma revisão do próprio papel da regulação jurídica como monopólio do Estado e, de certa forma, promove uma "colonização" da legalidade/legitimidade do direito pela eficácia/eficiência da economia – o que já tratamos em outro momento[1] –, por outro pode ser percebida desde uma perspectiva de integração entre espaços normativos distintos, até então desconhecidos, pouco desenvolvidos, inexistentes ou negados.

Como adverte P. Häberle, *allá denuncia dei pericoli della globalizzazione, di un'economia del terrore senza fine, le tre impalcature, cioè il diritto costituzionale nazionale, il diritto delle unioni regionali fra stati e il diritto internazionale dell'umanità devono avere delle strutture proprie, nonostante tutte le interazioni, le mutazioni e l'osmosi.*[2]

Nesta perspectiva, interessa anotar o debate proposto por este autor acerca das *convergências* e *divergências* entre o nacional(local), o regional e o internacional e sua repercussão sobre a fórmula do Estado Nacional Constitucional, chamando a atenção para o que nomeia de *Estado Constitucional Cooperativo* decorrente da experiência regional, para a noção de *Constituição Parcial* presente no direito internacional humanitário. Ainda, o mesmo autor reflete a hipótese de um *direito comum* também no plano universal desde, exemplificativamente, a tutela do meio ambiente em razão do reconhecimento, e.g., das organizações não-governamentais.[3]

Todavia, até pouco, esta questão ficava subsumida à preponderância exclusivista das fórmulas nacionais de regulação social através do direito, tendo as ordens normativas nacionais como a única ou suprema referência regulatória dotada dos atributos específicos dos Estados Nacionais, ou seja, o supremo poder de vinculação – a soberania. Entre-

---

[1] Ver o nosso *As Crises do Estado e da Constituição e a Transformação Espacial dos Direitos Humanos*. Col. Estado e Constituição, n. 1, Porto Alegre: Livraria do Advogado. 2002.

[2] Ver, do autor, *Diritto costituzionale nazionale, unioni regionali fra stati e diritto internazionale come diritto universale dell'umanità: convergenze e divergenze*. Texto em versão italiana por J. Luther, de conferência proferida na Cidade do México e Bologna, em abril de 2004. Mimeo., p. 10.

[3] Ver: *Diritto costituzionale...* p. 3, 4 e 8.

tanto, tem ganho consistência, como referido acima, o debate acerca dos novos espaços regulatórios e, com isso, de novos âmbitos de produção e veiculação de conteúdos jurídicos, em particular no que se refere aos direitos humanos.

O tratamento dos direitos humanos, em particular, promove uma reviravolta paradigmática na modernidade jurídica, implicando, também, uma revisão conceitual nas relações entre o direito interno e o direito internacional, como já referido, bem como impondo uma reflexão renovada quanto aos mecanismos e estratégias na e para a aplicação de um *direito convencional dos direitos humanos* pelos órgãos internos dos países que compartilham as definições constantes em tais normas, sobretudo no que se refere às suas relações com o direito constitucional de base nacional.[4]

O tema das relações entre o direito interno percebido como ordem jurídica própria e peculiar da forma estatal da modernidade – o Estado[5] – e o direito internacional sempre foi percebido como um conjunto de vínculos necessários que deveriam ser construídos a partir do reconhecimento da ordem jurídica como uma fórmula característica e ínsita ao ente estatal, o que, de regra, conduziu à supremacia, quando não, exclusividade do primeiro sobre o último. Assim, a ordem jurídica internacional para adquirir as mesmas potencialidades do direito – interno – deveria ser por este recepcionado através das mais variadas fórmulas construídas pelos Estados (Nacionais), por meio das quais o conteúdo do direito internacional passaria a "fazer parte" do ordenamento jurídico local (nacional), adquirindo, assim, a força vinculante apenas reconhecida a este último.

Entretanto, com o reconhecimento crescente dos direitos humanos e, particularmente, com a emergência do *direito internacional dos direitos humanos*, os laços entre o direito interno e o direito internacional passaram a ser revisitados, constituindo-se em tema recorrente na doutrina jurídica e tem pautado o cenário contemporâneo, sobretudo diante

---

[4] Alguns aspectos deste debate podem ser vistos em: AMIRANTE, Carlo. *Principles, Values, Rights, Duties, Social Needs and the Interpretation of the Constitution. The hegemony of multi-level governance and the crisis of constitutionalism in a globalised world.* In: NERGELIUS, Joakim et al. Challenges of Multi-Level Constitutionalism. 21st World Congress "Law and Politics in Search of Balance. Sweden. 12-18 august. 2003, p. 171-190; VERDUSSEN, Marc. *L'application de la convention Européenne des Droits de L'homme par les Cours Constitutionnelles. In: SEGADO, Francisco Fernadéz. The Spanish Constitution in the European Constitutional Context.* Madrid: Dykinson. 2004, p. 1555-1572.

[5] Sobre este tema, ver: STRECK, Lenio Luiz e BOLZAN DE MORAIS, Jose Luis. *Ciência Política e Teoria Geral do Estado.* 4ª ed. Porto Alegre: Livraria do Advogado. 2004.

da repercussão dos projetos unionistas hoje experimentados, apesar das dificuldades sentidas em suas implementações.[6]

Tal debate repercute fortemente no direito constitucional, em particular, como cenário através do qual se constroem as relações entre o interno e o externo, o direito nacional e o direito internacional.

Neste sentido, pode-se dizer que o *"droit international des droits de l'homme" et lê droit constitutionnel partagent un idéal commum, celui des sociétés humanistes, soucieuses du respect de la dignité humaine,*[7] inclusive sob a fórmula das chamadas *cláusulas constitucionais abertas,*[8] deixado de ser visto como espaços de diferenciação mas de igualdade.

Ou seja: parece incontornável o ambiente de tensão que vive o modelo constitucional moderno, sobretudo no que diz ao seu lugar de veiculação.

Outro dos grandes temas que se apresenta para o debate doutrinário constitucional diz respeito à revisão do papel das funções tradicionais do Estado, em particular quanto às atribuições, os limites, a investidura etc, e, para o que nos interessa aqui, no que se refere à função jurisdicional, sobretudo diante do constitucionalismo contemporâneo voltado à construção do Estado Democrático de Direito, onde assume um papel central no processo de consolidação dos *acordos* constitucionais expressos nas normas que compõem o texto das Constituições.

Neste contexto, o constitucionalismo ganha contornos novos onde se alarga a própria compreensão do que seja Constituição, passando de um texto legislado a um documento histórico-cultural.

Para Peter Häberle, as Constituições são *testi costituzionali in senso stretto e formale le costituzioni scritte, in senso largo e materiale anche le opere classiche di um Aristote (in matéria di eguaglianza e giustizia), di um Montesquieu (in matéria di separazione dei poteri) o di um Hans Jonas in materia di tutela dell'ambiente, intesa come impe-*

---

[6] Como refere P. Häberle, *Lo stato non è più il punto d'Archimede del pensiero costituzionalista, né sul piano nazional, né su quello regionale o universale...*Ou, ainda: *Finora erano in primo piano gli stati sovrani, spesso quelli potenti. Oggi agiscono da "atori"anche altri soggetti...* Ver, *Diritto costituzionale...*, p. 6 e 9.

[7] Ver: VERDUSSEN, Marc. L'application de la Convention Européenne des Droits de L'homme par les Tours Constitutionnelles. In: SEGADO, Francisco Fernández Segado. *The Spanish Constitution in the European Constitucional Context*. Madrid: Dikynson. 2004. p. 1570.

[8] No caso brasileiro, este debate se deu a partir de 1988 em face da inclusão do § 2º no art. 5º da CF/88, agora tentado superar com a inclusão de um novo § 3º a esta norma constitucional pela Emenda Constitucional n. 45/2003. Ver a respeito os comentário por nós propostos relativamente a este novo parágrafo em *Comentários à Reforma do Judiciário*. Ed. Forense, 2005.

rativo categórico kantiano esteso sia nel tempo sia nello spazio all'intero mondo ...[9]

Ou seja, tem-se hoje em dia uma concepção da Constituição que, para além de seus novos conteúdos e estratégias, passa a ser percebida como um documento jurídico-histórico-cultural, o que põe em evidência o problema da realização do projeto constitucional e da atribuição de sentido ao texto da Constituição, implicando uma revisão das relações entre as funções estatais clássicas em um ambiente de – aparente – escassez de meios e de mudanças paradigmáticas nas/das fórmulas polítco-jurídicas modernas, como já apontado, apropriando à jurisdição uma tarefa que ultrapassa em muito a simples aplicação das normas jurídicas e verificação da adequação hierárquica dos textos legislados que, aliás, ela nunca teve, apesar das negativas doutrinárias.

Assim, à jurisdição se abre a possibilidade de promover atribuições de sentido aos textos constitucionais por intermédio de sua intervenção jurisprudencial, emergindo como atuação peculiar à consertação própria ao Estado Democrático de Direito, cujo caráter transformador incorpora um deslocamento no sentido da função jurisdicional do Estado como instância de realização do projeto de Estado presente no pacto constitucional.

O acontecimento histórico do constitucionalismo ocidental colocou, assim, a possibilidade de que os órgãos jurisdicionais com atribuições de controle de constitucionalidade venham a escrever e reescrever os textos dos Estatutos Fundamentais, cumprindo uma função que originariamente constituiu-se em tarefa do Poder Constituinte[10] como ex-

---

[9] Ver, do autor, *Diritto costituzionale nazionale, unioni regionali fra stati e diritto internazionale come diritto universale dell'umanità: convergenze e divergenze.* Texto em versão italiana por J. Luther, de conferência proferida nas cidades do México e Bologna, em abril de 2004. Mimeo, p. 2.

[10] Tomamos aqui a idéia de Poder Constituinte como aquele que produz o *texto* constitucional, sem a distinção clássica e equivocada entre *poder constituinte originário* e *poder constituinte derivado,* na medida em que só àquele pode-se atribuir a tarefa de produzir a Constituição em seu texto original. Por outro lado, a interpretação constitucional adquiriu uma posição de destaque nas últimas décadas do século XX, fruto da terceira fase do constitucionalismo, perceptível no pósguerra. Isso porque o preenchimento dos conteúdos de certos direitos constitucionais (geralmente de direitos fundamentais), assim como o extensão desses mesmos direitos estão "nas mãos" daqueles que compõem esse essencial órgão, o Tribunal Constitucional. Como diz Pedro de Vega, "Sucede, no obstante, que las dificultades y problemas para obtener el consenso en las sociedades pluralistas determinan que la voluntad constituyente se exprese por lo común en una legislación constitucional confusa, ambigua y polisémica. Con lo cual, a la hora de interpretar y custodiar el cumplimiento de esa voluntad por parte de los Tribunales Constitucionales, lo que realmente ocurre es que de guardianes del poder constituyente pasan a transformarse en sus sustitutos. [...] es un acto de auténtica creación constitucional". Ver a respeito VEGA, Pedro de, *Apuntes para una Historia de las Doctrinas Constitucionales del Siglo XX,* in *Teoría de la Constitución,* Madri: Editorial Trotta, 2000, 499p.

pressão da atividade legislativa, reinscrevendo, assim a temática da especialização de funções, sem, contudo, comprometer os limites próprios a esta estratégia organizacional da atividade estatal, em face dos riscos de violação dos mesmos, podendo levar *alla tentazione dell'onnipotenza*.[11]

Assim, esta mesma atividade jurisdicional pode, paradoxalmente, por outro lado, significar uma invasão pelo Judiciário das esferas de atribuições classicamente atreladas às funções executiva e legislativa, atingindo o princípio da especialização de funções, sobretudo pela alteração/(re)construção interpretativa de dispositivos constitucionais, caso a jurisdição ceda *alla tentazione de sostituire proprie valutazioni di opportunità a quelle espresse nelle decisioni politiche*.[12] [13] Ou, por outro viés, o Poder Judiciário e a expansão de sua atuação, nesse sentido, quanto à invasão do Legislativo pelo Executivo, serviria como corretivo, comportando-se como um instrumento de *accountability*; e, quanto à representação política clássica, serviria como um novo caminho para aquisição, defesa e concretização de direitos.

Tais circunstâncias se põem em consonância com a transformação política operada pelo Estado Democrático de Direito, quando a própria noção de democracia é trasladada para um *locus* legitimador não mais meramente formal, senão, principalmente, substancial, apesar de tal já estar presente no âmbito do Estado Social, implicando que a noção de garantia não fica mais restrita aos padrões liberais de limitação negativa da ação estatal, mas vem acrescida de um *plus* transformador, em que a concretização de obrigações/prestações que importam na transfiguração do *status quo* assume efetivamente uma posição de primazia no espaço de legitimação constituído pela função de garantia e, com isso, a distribuição clássica das funções dos poderes públicos não mais está sujeita a uma separação rigorosa, com o objetivo de reforçar uma estrutura de fiscalização, mas, noutro sentido, se apresenta mais flexível, voltada a uma finalidade de cooperação, baseada na perspectiva de que há uma unidade inexorável no Estado[14] para a realização de valores

---

[11] Valerio Onida, Corriere della Sera, 20/01/2005, p. 5.

[12] Id. Ibidem.

[13] Ver: WERNECK VIANA, Luiz. op. cit, p. 14 e 15.

[14] Parece-nos que a idéia clássica, proposta por Montesquieu, aponta, muitas vezes, para uma fragmentação estatal, onde as diversas funções do Estado aparecem como compartimentos descompromissados com a construção conjunta do projeto de Estado alicerçado na Constituição. Não raro as funções de Estado parecem estar vinculadas a lógicas e compromissos distintos, sem que se percebam como operadoras do que Rousseau supunha ser a *vontade geral*. Talvez um bom exemplo desta fragmentação possa ser buscado na figura dos *precatórios,* onde se percebe claramente a descontinuidade e fragmentação da atuação dos diferente poderes públicos, quando um

éticos substanciais positivados constitucionalmente e intensamente reclamados pela população, a qual está, de alguma maneira, expressa em uma atribuição executiva peculiar ao espaço público, sem que se limite às tarefas próprias do Poder Executivo.

Para Valério Onida, presidente da Corte Constitucional italiana, é preciso *rilegge la tripartizione dei poteri: non più legislativo, esecutivo e giudiziario ma"poteri di governo e politici, da um lato, e poteri di garanzia dall'altro".* [15]

Ou seja, para enfrentar tais circunstâncias, pode-se optar por uma outra classificação para as funções do Estado segmentando-as entre *funções de governo,* que abarcariam as tradicionais funções executiva e legislativa, e *função de garantia,* vinculada à atividade jurisdicional, o que nos (re)conduz à discussão acerca do papel/conteúdo da jurisdição no interior de um projeto democrático.

Princípio democrático e função de garantia são, assim, poderíamos dizer, dois pontos extremos de uma relação pendular e evolutiva no debate teórico que se trava há longa data sobre a legitimação e os limites das decisões dos poderes públicos, sejam legislativas, executivas ou jurisdicionais.

O princípio democrático perseguiu este objetivo último e substancial através da concentração do poder normativo no órgão legislativo, tratando de estabelecer rigidamente os mecanismos de exercício deste poder, através de instrumentos próprios para a construção de uma democracia formal (a representação, o procedimento legislativo, os instrumentos da democracia direta, etc.), sustentado no princípio liberal da confiança (*principle of fairness*), cuja expressão fundamental era a antecipação da regras do jogo e o estabelecimento de preceitos determinados para os seus processos de modificação.

Enquanto o princípio democrático teve, nesta perspectiva, uma função mais formal/procedimentalista, o sistema de garantias já acenava com traços substanciais, buscando o estabelecimento de limites, basicamente negativos, e não já somente restritos ao procedimento de produção legislativa, mas ao próprio produto legislado. O respeito a estes limites constitucionais não conseguiu desbordar a sua validade, entretanto, para além de órgãos diversos do poder legislativo.

---

deles – o jurisdicional – determina o pagamento de valores, o outro – o executivo – precisa cumprir a ordem e alocar recursos orçamentários para o futuro e, eventualmente, se utiliza do terceiro – o legislativo – para instrumentalizar formas que viabilizem o pagamento, sem que se tenha, muitas vezes, uma atuação conjunta dos mesmos diante do interesse em disputa.

[15] Ver Corriere della Sera, 20 de janeiro de 2005, p. 5.

A jurisdição constitucional, neste contexto, teve uma função, sobretudo, de *contralegislador*, voltada principalmente para uma atividade de "limpeza" permanente do ordenamento jurídico contaminado por atos legislativos contrários ao texto constitucional.[16]

Os modelos constitucionais – mexicano de 1917 e alemão de 1919 – que inauguraram a segunda fase do constitucionalismo e conformaram o Estado Social, geraram uma nova relação entre os poderes públicos, considerando-se que a partir dessa nova fase do Estado Constitucional, houve uma ampliação conceitual e operacional do princípio democrático e da função de garantia diante da novidade dos direitos econômicos, sociais e culturais de caráter prestacional.

A essas alterações nos textos constitucionais do século XX, consistentes na agregação de conteúdos que impõem novas obrigações ao Estado, somam-se outras referentes ao equilíbrio institucional, que também são determinantes no que se refere às metamorfoses sofridas pelo princípio democrático.

Alterou-se não só o entendimento da lei,[17] mas o próprio estatuto da maioria como sua fonte primordial,[18] da mesma forma que se promove uma revisão nas relações entre função executiva e função legislativa, assumindo aquela uma proeminência em face da necessária implementação das promessas constitucionais por intermédio de políticas públicas, implicando uma atividade hermenêutica do texto constitucional patrocinada pelo agente executivo, que nomeamos "executivização" da Constituição.

Uma última constatação refere-se à superação da concepção clássica estatal como uma realidade monolítica e homogênea, substituída por uma outra realidade, política e administrativamente descentralizada, regionalizada e marcada pelo surgimento de um sem-número de

---

[16] Além desta função, devemos lembrar com Vital Moreira que nos Estados Unidos, o berço da *judicial review* esta teve a finalidade de fazer prevalecer a Constituição contra os atos do poder em três domínios característicos, isolada ou conjuntamente: os direitos individuais, a separação dos poderes, sobretudo o legislativo e o executivo, além da definição das fronteiras entre os poderes federais e os dos Estados-Membros. Ver a respeito MOREIRA, Vital. *Princípio da Maioria e Princípio da Constitucionalidade*. In: *Legitimidade e Legitimação da Justiça Constitucional*, p. 177-199.

[17] Ver, a este respeito: CANOTILHO, J.J. Gomes. *Constituição Dirigente e Vinculação do Legislador: Contributo para a Compreensão das Normas Constitucionais Programáticas*. Coimbra: Coimbra Ed., 1994.

[18] A concepção clássica da lei, como produto da "vontade geral" corporizada na representação parlamentar independente e do executivo subordinado à lei, foi substituída por um entendimento baseado na constatação de que a lei é um produto de vontades partidárias ou coligações majoritárias, em que o governo dita à maioria parlamentar o programa legislativo e o próprio conteúdo das leis.

organizações sociais de natureza econômica, profissional e promotoras dos interesses e valores de grupos sociais, que têm a ver com a compreensão da perda de exclusividade da ação estatal em face dos demais *loci* de poder presentes na sociedade contemporânea, compreendida sob a marca da *crise conceitual* do Estado.[19]

Surgem, dessa nova realidade, algumas situações bastante relevantes, tanto no plano jurídico quanto nos planos institucional e funcional. No primeiro, houve uma necessária (re)configuração da forma dos enunciados jurídicos, em função das necessidades reclamadas pela normatização dos direitos sociais[20] e, no segundo, um redimensionamento do âmbito de exercício das funções do Estado.

A forma lingüística exigida e utilizada para a positivação constitucional dos 'novos' direitos estritamente sociais diferenciou-se totalmente da utilizada para os direitos liberais tradicionais. Enquanto para estes últimos o texto legal tinha uma forma bastante precisa, enxuta, taxativamente determinada, com termos fixados dentro de padrões que se ligavam a um aparente rigor conceitual analítico, o que vinha em atendimento a toda uma pretensão de certeza que caracterizou o Estado Liberal, até mesmo como forma de superação dos modelos anteriores, em todos os sentidos marcados pela incerteza, para os primeiros a fórmula lingüística encontrada foi a de textos mais genéricos que mais se aproximavam de princípios de programação política futura, com termos abertos.[21]

No plano da concretização destas diferentes dimensões de direitos, as conseqüências ficaram historicamente bem demarcadas. Enquanto à realização dos direitos individuais bastaria uma abstenção – na visão tradicional – do Estado e de todos os demais membros da sociedade em relação ao titular, a realização dos direitos de segunda dimensão encontraria uma série de dificuldades a mais, seja pela necessidade de realização de prestações positivas pelos próprios poderes públicos que demandavam a inversão de verbas e prestações públicas para tanto, seja

---

[19] Ver: BOLZAN DE MORAIS, Jose Luis (Org.). *O Estado e suas Crises*. Porto Alegre: Livraria do Advogado. 2005.

[20] Isso significa uma abertura processual às demandas sociais proporcionada pela atuação do Poder Legislativo, que deve colocar a disposição da sociedade mecanismos que possibilitem ao mesmo a titularidade, a defesa e o exercício efetivo de seus direitos. Ver: WERNECK VIANNA, Luiz. op. cit, p. 7 – 16.

[21] Para Luhmann, enquanto os direitos individuais representaram uma programação condicionada, os direitos sociais caracterizaram-se por serem programações finalísticas. Ver a respeito LUHMANN, Niklas. Bayer, Gustavo (trad.) *Sociologia do Direito I*. Rio de Janeiro: Tempo Brasileiro, 1983, (Biblioteca Tempo Universitário; 75 (v.1))

pela própria inexistência de instrumentos jurídicos que permitissem a sua concretização com a mesma "facilidade" que um *habeas corpus* ou um mandado de segurança "permitiam" a realização dos direitos individuais.[22]

A incorporação de novas dimensões promoveu um ainda mais profundo movimento no arranjo institucional moderno, com uma reconfiguração da própria função clássica dos diversos poderes públicos, e, especialmente, dos atributos da função judicial de controle de constitucionalidade que, em muito, ultrapassa os limites funcionais liberais.[23]

Com a alteração das áreas de interseção da atuação dos poderes estatais, alterou-se a intensidade e o grau de variabilidade do tensionamento entre os mesmos, levando-se em consideração as características estruturais lingüísticas de cada texto que faz a função de parâmetro de

---

[22] Resumidamente, tem-se, no Estado Liberal, uma hermenêutica de bloqueio dos poderes/funções do Estado, agora divididos, e que deveriam ser controlados na sua competência e exercício do poder pelo documento máximo legado a nós pela Revolução Francesa, a Constituição. Nela estariam o princípio da separação dos poderes e as garantias dos indivíduos (direitos individuais) contra as intervenções inoportunas e arbitrárias do Estado, ou seja, os direitos de primeira geração/dimensão. Com o passar dos séculos, a sociedade burguesa e toda sua organização e estrutura produziram discrepâncias que já não mais poderiam se sustentar. Ou seja, a própria evolução interna do núcleo econômico do liberalismo, o capitalismo, gera essas discrepâncias entre o que apregoa formalmente e o que apresenta como resultados práticos efetivados no contexto do livre comércio e da economia de mercado. Nasce o Estado Social. Este, caracterizado por uma hermenêutica de legitimação dos interesses sociais, faz com que a democracia se torne mais ampla e as demandas de outros setores sociais cheguem ao Estado, que fica, agora, obrigado a respondê-las através da atuação de seus poderes. A questão social torna-se o ponto central de toda e qualquer atividade estatal, contrapondo-se à chamada questão individual do Estado Liberal. No entanto, há ainda uma terceira fase do Constitucionalismo e, por conseqüência, da própria história do Estado, na qual o mesmo passa por uma radical transformação. Depois da Segunda Guerra Mundial, diversos países, principalmente os países que, mais tarde, se redemocratizaram (Espanha, Portugal, Brasil), passaram a colocar em seus textos constitucionais, através de 'novas' e aperfeiçoadas técnicas legislativas, mecanismos e valores que até então não estavam presentes na materialidade constitucional, modificando também a interpretação deles. Nascia o Estado Democrático de Direito, e sua hermenêutica de transformação do *status quo*, ou seja, a lei e o direito passam a ser visualizados como instrumentos de luta e de transformação da realidade de nossa sociedade. Para uma versão mais detalhada e profunda dessa evolução, ver: STRECK, Lenio Luiz. *Jurisdição Constitucional e Hermenêutica: Uma Nova Crítica do Direito*. Porto Alegre: Livraria do Advogado, 2002, Cap. III, em especial p. 105 e 106.

[23] No século XXI, o juiz é visto como um construtor de equilíbrio entre interesses supra-individuais. Para Bonavides: "Os juristas do Estado Social, quando interpretam a Constituição, são passionais fervorosos da justiça; trazem o princípio da proporcionalidade na consciência, o princípio igualitário no coração e o libertário na alma; querem a Constituição viva, aberta, real. Às avessas, pois, dos juristas do Estado Liberal, cuja preocupação suprema é a norma, a juridicidade, a forma, a estrutura, a pureza do mandamento legal com indiferença aos valores e, portanto, à legitimidade do ordenamento do qual, não obstante, são também órgãos interpretativos." Ver a respeito, BONAVIDES, Paulo. *Do Estado Liberal ao Estado Social*. 6.ed. São Paulo: Malheiros, 1996, p.19.

constitucionalidade, bem como o grau de satisfação social em relação ao conteúdo substantivo nele positivado.[24]

Impõe-se, assim, o dilema das interações entre o princípio democrático e a função de garantia, ou de reassentarmos os seus parâmetros descritivos e prescritivos, a fim de que possamos ter uma melhor definição acerca dos perfis da atuação de cada poder para a realização do Estado Democrático de Direito, sem abandonarmos a idéia de unidade própria do Estado (Moderno) e, sobretudo, dos limites e das práticas políticas democráticas.

Assim, a busca de resposta a tal problema vivido pelos Estados constitucionais contemporâneos demanda uma rediscussão de toda teoria das crises do Estado, em particular aquela que diz com o projeto político democrático, como *crise (da) política.*

Com o marco teórico do *welfare state,* a sólida posição teórica da democracia liberal passa a ser questionada frontalmente, mesmo que os fundamentos do Estado Liberal não tenham sido desfeitos por completo.

A necessidade e urgência de concretização do (nosso) modelo de Estado Democrático de Direito impõe repensar as nossas necessidades democráticas, induzindo-nos à reconstrução da democracia representativa exercida através de "poderes" distintos – embora harmônicos entre si –, e reclama que todo ordenamento jurídico e todos os poderes públicos devam estar voltados à sua realização.

Neste ambiente, não só as fórmulas e práticas são revisitadas, como seus instrumentos e meios ganham novos contornos. A estratégia

---

[24] Neste sentido três são as variáveis que influenciam o grau de tensão entre democracia e garantia na utilização do parâmetro ou princípio constitucional de juízo. Em primeiro lugar, quanto mais o texto legal se apresenta rígido e definido em seus conteúdos, mais estreito resultará o vínculo para o legislador, e tanto mais certo e definido será o limite à intervenção das Cortes constitucionais com a finalidade de dar efetivação ao direito protegido. Neste plano estariam os interesses individuais que, pela natureza do texto legal que manifesta sua positivação, têm um pequeno potencial de tensionamento entre os poderes. Ao contrário, quanto mais aberto for o conteúdo do texto constitucional, tanto mais numerosas e agudas serão as ocasiões de possíveis contendas entre legislativo, executivo e jurisdição pela autoria e concretização da norma. Em segundo lugar, quanto mais a natureza do parâmetro de constitucionalidade consinta em impelir o controle dentro do conteúdo substancial e específico da lei do que de limitá-lo aos seus aspectos procedimentais ou extrínsecos e gerais, tanto mais intensa será a tensão que resulta entre a escolha legislativa, a opção executiva e o controle de constitucionalidade. Por fim, uma terceira variável nos é dada, não mais a partir da característica intrínseca do parâmetro textual de constitucionalidade ou da situação político-legislativa na qual esse se encontra, mas mais restrita a questões ligadas à práxis dos próprios poderes, ou seja: se os princípios constitucionais não encontram ressonância nas ações concretas dos poderes legislativo e executivo, aumenta geometricamente o risco de uma tensão entre estes e a jurisdição em sua função de controle e realização constitucional, e, portanto, disso pode surgir um tensionamento exacerbado entre princípio democrático e de garantia. Ou seja, em um ambiente de crise estrutural do Estado (Social), de escassez e de colonização do direito pela economia a harmonia dos poderes se instabiliza profundamente.

liberal da especialização de funções assimila tais circunstâncias, promovendo um rearranjo institucional que, em um primeiro momento promove a função executiva para o centro do jogo político, diante da necessidade de pôr em prática os programas constitucionais sob a forma de políticas públicas prestacionais, forjando o que chamamos, como já dito, "executivização" da Constituição.

Posteriormente é a função jurisdicional que, como guardião e realizador da Constituição, passa a ter seu espectro de atuação reforçado, assumindo-se como espaço político para consolidação do projeto constitucional,[25] no que fica reconhecido como "judicialização" da política e politização do jurídico ou, de outro ângulo, porém correlato, jurisprudencialização da Constituição.

Este rearranjo institucional da organização do exercício do poder político exige uma análise renovada, o que é realizado, de regra, desde o embate entre procedimentalistas e substancialistas, apesar de esta ser uma discussão que pode receber um outro tratamento, de não-exclusão, mas de aproximação.[26]

Nesta perspectiva, a Constituição já não pode ser entendida como uma ordem-marco que primariamente regule a relação do Estado com os cidadãos e, em condições de pluralismo social e cultural, tampouco como uma ordem jurídica global de tipo concreto que imponha *a priori* à sociedade uma determinada forma de vida. A Constituição, antes de qualquer coisa, fixa os procedimentos políticos conforme os quais os cidadãos, exercitando seu direito de autodeterminação, podem perseguir cooperativamente e com perspectiva de êxito o projeto de estabelecer formas justas de vida. Neste sentido, somente as condições procedimentais da gênese democrática das leis asseguram a legitimidade do direito estabelecido.

---

[25] A tradicional teoria da democracia considera-a, sem dúvida alguma, em função dos efeitos substanciais que potencialmente podem surgir a partir do estabelecimento e cumprimento das regras formais do jogo, como o melhor e mais seguro caminho para a justiça concreta, sendo ela a forma exata de organização do *estado de justiça*, não sendo possíveis tensões entre democracia e justiça.Partindo-se dessa nota conceitual sobre democracia formal, e jamais desprezando o processo histórico por ela caracterizado, não é possível crer-se que o simples respeito aos procedimentos formais democráticos possa garantir que uma decisão política venha a satisfazer a realização de uma pretensão de justiça voltada para a concretização dos direitos humanos. Neste aspecto, razão parece ter Höffe quando diz que os procedimentos democráticos de decisão são determinados por regras de maioria, mas decisões de maioria são, quando muito, vantajosas, para a maioria e, de modo algum, para todos. Mas a maioria pode impor seus interesses à minoria, de modo que a democracia pode se tornar uma variante do "direito do mais forte" Ver: HOFFE, Otfried. *Justiça Política : Fundamentação de uma Filosofia Crítica do Direito e do Estado.* 1. ed. Petrópolis : Vozes, 1991, p. 370.

[26] Neste sentido, ver a tese de doutoramento apresentada por Monia Clarissa Hennig Leal, intitulada..., por nós orientada e defendida no PPGD/UNISINOS em junho de 2005.

O deslocamento conceitual da concepção de democracia do plano formal para o substancial transforma também a noção de garantia para um viés positivo, onde a concretização de certos conteúdos inspirados em ideais característicos da tradição do pensamento democrático, especialmente o igualitarismo, não só jurídico, mas também social e econômico, passou a ter relevância sobre a noção de garantia negativa, consistente nas proibições de intervenções "arbitrárias" do Estado.

Neste viés, a democracia reflete não só a vontade da maioria, mas, muito além disto, os interesses e as necessidades vitais de todos.

Como consectário dessas exigências da democracia substancial, o princípio da democracia política, relativo ao *quem* decide, encontra-se subordinado aos princípios da democracia social, que se referem àquilo *que não é lícito decidir e aquilo que é lícito deixar de decidir*.

Para Ferrajoli, a expansão democrática a partir de sua concepção substancial pode acontecer não só mediante a multiplicação das sedes não políticas nas quais resulta formalmente democratizado o *quem* e o *como* das decisões, mas, sobretudo, mediante a extensão dos vínculos estruturais e funcionais impostos a todos os poderes – democráticos, burocráticos, públicos e privados – e pela elaboração de novas técnicas garantistas aptas a assegurar uma maior efetividade.[27]

Nesta concepção, a democracia passa não mais a ser uma série de meios e procedimentos visando a atender, no que se refere aos processos decisórios, o princípio da maioria, mas, noutro sentido, um conjunto de fins, com função de proteção das minorias, garantindo a igualdade em direitos a todos.

Para Höffe, é pela estruturação jurídica do Estado Constitucional, com tribunais independentes, que se torna possível o cumprimento das vinculações do poder estatal e a monitoração dos poderes individuais. É por este caminho, desde uma eliminação do monopólio e da não-limitação do poder, por uma múltipla articulação da rede de poderes públicos, com um sistema de controle recíproco entre eles, que se apresenta como possível a efetiva realização dos direitos fundamentais, devendo-se agregar a perspectiva da cooperação recíproca.[28]

A positivação constitucional de um novo projeto social e estatal, como a ocorrida no Brasil em 1988, promove uma rediscussão dos papéis destinados a todos os poderes e funções públicos, visando a uma otimização das técnicas político-jurídicas destinadas à concretização do paradigma do Estado Democrático de Direito.

---

[27] FERRAJOLI, Luigi, op. cit, p. 865.
[28] Ver: HOFFE, Otfried. op.cit, p. 377-378.

Este quadro coloca em questão, como observa Paulo Bonavides, a própria validade da democracia representativa clássica e tradicional que, em particular na América Latina, sem os meios de produzir legitimidade capaz de manter os titulares do poder no exercício de uma autoridade efetivamente identificada com os interesses da cidadania, do bem-estar, da justiça e da prosperidade social, encontra-se desfalcada da possibilidade de fazer da Constituição o instrumento da legítima vontade nacional e popular.[29]

O problema, em última análise, está situado na discussão que se trava acerca dos limites da atuação da jurisdição voltada, desde sempre, a uma constante construção jurisprudencial da Constituição e das próprias concepções de democracia e garantia que dão o suporte teórico às instituições jurídicas e políticas,[30] mesmo que não explicitamente.

E, por isso mesmo, o papel do constitucionalismo, com as nuances advindas da (des)ordem contemporânea, parece-nos ainda central para aqueles que não apenas nos ocupamos em estudá-lo, mas, e particularmente, para todos aqueles que nos preocupamos com a continuidade democrática assentada conteudisticamente não apenas em um conjunto de regras do jogo democrático, como quer Bobbio,[31] mas também em seus conteúdos humanitários e transformadores, em particular quando nos colocamos frente a um projeto constituinte alicerçado na idéia de Estado Democrático de Direito, como antes apresentado, onde o *seu Direito* precisa suportar e viabilizar este projeto transformador.[32]

Neste ambiente de redefinições das estruturas institucionais, em particular no âmbito de um Estado Democrático de Direito, requer-se

---

[29] Ver: BONAVIDES, Paulo. *A Constituição Aberta*. Belo Horizonte: Del Rey. 1993, p. 9-10.

[30] Como diz Eduardo Garcia de Enterria, *En la Constitución como instrumento jurídico ha de expresarse, precisamente, el principio de la autodeterminación política comunitaria, que es presupuesto del carácter originario y no derivado de la Constitución, así como el principio de la limitación del poder. Ninguno de los dos, y por supuesto no el último, son accesorios, sino esenciales. Sigue siendo, pues, válido el concepto del antes transcrito art. 16 de la Declaración de Derechos de 1789, en el que únicamente cabría matizar hoy la relatividad del principio de división de poderes como técnica operativa, sin perjuicio de su validez general en cuanto a sus principios y en cuanto a su finalidad, la limitación del poder de los imperantes, la garantía de la libertad.* Ver: GARCIA DE ENTERRIA, Eduardo. *La Constitución como Norma y el Tribunal Constitucional*. 3.ed. Madrid: Civitas, 1983, p. 45.

[31] Ver, sobre o tema das regras do jogo democrático: BOBBIO, Norberto. *O Futuro da Democracia: uma defesa das regras do jogo.*

[32] Como diz Marcelo Gallupo, *o direito desse tipo de Estado deve adotar um conceito de princípio capaz de suportar esse pluralismo de projetos de vida, que não pode ser um conceito que implique uma hierarquia entre os princípios, o que pode causar estranheza na Teoria Jurídica dominante no Brasil, ainda muito marcada tanto pelo paradigma do Liberalismo quanto pelo paradigma do Estado Social, ambos profundamente sistematizadores, mas certamente não no meio das demais Ciências Sociais.* Ver, op. cit., p. 21.

uma revisão não apenas dos papéis do Estado, como também um olhar crítico relativamente às relações interfuncionais e, sobretudo, diante da sobrevalorização da jurisdição, acerca do caráter da função jurisdicional em um projeto democrático, não mais vista apenas como *contralegislador*, mas como *agente de realização* dos acordos políticos plasmados constitucionalmente.

A reflexão posta aqui pretendeu, assim, estabelecer algumas referências para tal discussão, preliminarmente ao enfrentamento do texto do prof. Emílio Santoro, em particular quanto a uma nova conformação da estrutura funcional do Estado e, mais pontualmente, quanto ao papel que é apropriado à jurisdição, em especial quanto a sua competência de controle de constitucionalidade o que, no caso brasileiro, ganha dimensões extrapoladas em face da sua dualidade – concentrada e difusa –, da ampliação dos instrumentos, do alargamento da legitimidade ativa e da ausência de uma Corte Constitucional exclusiva, bem como de uma cultura constitucional adequada ao projeto político-jurídico plasmado na Carta de 1988.

Além disso, procurou-se explicitar, como já levado a cabo em outros trabalhos, que este debate se põe em um contexto onde o substrato clássico do/para o constitucionalismo se vê envolto em um processo de fragmentação de suas bases conformadoras, especialmente no que diz com o espaço próprio para as constituições, o Estado Nacional, de um lado, e, por outro, com as possibilidades para a realização de um projeto de transformação social pautado pelas fórmulas inauguradas pelo Estado Social, maximizado pela situação de exceção econômica permanente referida ao início, o que afeta, ainda mais, as condições necessárias e suficientes para a concretização dos instrumentos que visam promover a satisfação das necessidades sociais e instaurar uma sociedade justa e solidária.

A questão da revisão das relações funcionais se coloca no centro do debate de uma teoria do/para o Estado Constitucional que considerem, além dessa recomposição da especialização de funções, os problemas e dificuldades que se apresentam para a realização dos projetos constitucionais contemporâneos.

De forma explícita, a necessidade de reconstrução das respostas clássicas acerca da realização do Estado Constitucional se apresenta como o(um dos) problema(s) fundamental(is), considerando-se, como dito acima, um *ambiente de escassez e de emergência* e de *mudanças paradigmáticas*.

Parece-nos, neste contexto, fundamental que se estabeleçam instrumentos adequados para o que se poderia caracterizar como *mecanismos de informação constitucional*, através dos quais o *juiz constitucional* teria melhores condições para promover o desvelamento da norma constitucional, o que, entretanto, não é suficiente para solucionar o *déficit* democrático presente neste âmbito.

Tal situação conduz ao questionamento acerca da legitimidade da jurisdição, fazendo emergir, para além das respostas tradicionais, um questionamento acerca do *caráter republicano* do poder, uma vez que historicamente a função jurisdicional guardou *marcas monárquicas* que estão em contradição com uma proposta de ativismo judicial, uma vez estabelecidas em um momento diverso daquele vivido hoje pelo constitucionalismo.

Diante da crise do modelo representativo de democracia, de um lado, e a ascendência da jurisdição como "lócus" de reconhecimento e realização do projeto constitucional, de outro, coloca-se no centro do debate constitucional a tarefa de responder aos limites aqui tentados apontar, em particular quanto a *qual democracia* adequada para a construção da decisão política quando a jurisdição se apresenta como arena privilegiada para a realização do constitucionalismo, estando praticamente desfeito o ambiente no qual o Estado Constitucional se vincula e veicula, assim como estando profundamente esgarçadas as condições de realização da democracia representativa.

Entretanto, este parece ser um debate ainda aberto e que não encontra respostas adequadas e suficientes seja em uma postura procedimentalista, seja em uma tomada de posição substancialista. Também, diante do aprofundamento da crise política – do modelo de democracia *dos modernos* – merece uma leitura crítica a reapropriação da decisão política aos espaços tradicionais ocupados pelas aqui denominadas *funções de governo*.

E, para isso, muito têm a contribuir as reflexões presentes neste livro que ora vem a público no Brasil e que temos a honra de prefaciar, aproveitando a oportunidade para relacionarmos aquilo dito pelo autor da obra com as dúvidas que permanentemente temos tentado enfrentar.

José Luis Bolzan de Morais

Professor do PPGD/UNISINOS
Procurador do Estado do Rio Grande do Sul

Sumário

1. O problema do Estado de Direito 25

2. O desafio da disciplina 29

3. O desafio da incerteza 35

4. Os pressupostos antropológicos do formalismo normativo 41

5. A resposta ao desafio da incerteza 47

6. Direito como prática *versus* Direito como decisão 53

7. A comunidade dos intérpretes 67

8. Certeza do Direito e *rule of law* 83

9. Do "Estado da lei" ao "Estado dos direitos" 97

10. Conclusões: a atualidade da concepção jusrealista do
    Estado de Direito 111

Referências 125

   Outros textos disponíveis no Brasil 129

1. O problema do Estado de Direito

O núcleo essencial da teoria do Estado de Direito é a tese segundo a qual existe um círculo virtuoso entre soberania do Estado, lei (geral) e liberdade. Esta tese se afirma de *pari passu* com o princípio da soberania popular. O núcleo em torno ao qual gira este círculo virtuoso é, dependendo dos casos, ou à idéia lockeana pela qual os limites impostos pela lei à liberdade individual são impostos pelo eu racional do sujeito, cuja liberdade é limitada,[1] ou à idéia rousseauniana da vontade geral, segundo a qual, por definição, o corpo coletivo jamais pretende prejudicar a liberdade de um de seus membros. Esta ideologia "democrática" combina-se com aquela aristocrática, proposta por Montesquieu, do juiz "boca da lei", do poder judiciário como poder "nulo".[2] Ambas reforçam-se mutuamente, dando vida a um tipo-ideal de organização constitucional centrado na lei ("legicêntrico") que se poderia definir como rousseauniano-montesquiano. Cerne deste modelo é o papel do Parlamento, considerado, em virtude de sua conexão com o corpo eleitoral, o órgão soberano; aos juízes, atribui-se a tarefa de aplicar a lei de forma que sejam os fiéis executores da vontade do corpo legislativo (e, portanto, em última instância, do povo): o poder judiciário é essencialmente um instrumento para assegurar a execução da vontade do Parlamento.

O paradigma rousseauniano-montesquiano, que se afirmou na França com a Revolução, difundiu-se, na Europa continental, no curso do século XIX, terminando por dominar por dois séculos o cenário europeu. A despeito de tal êxito, as progressivas subdivisões da doutrina contratualista tornaram cada vez mais incerto o fundamento dessa teoria constitucional: desde o fim do século XVIII, a idéia que o legislador seja, por sua própria composição, condicionado a garantir a liberdade

---

[1] Sobre este ponto, permito-me remeter ao meu: *Autonomia individuale, libertà e diritti, Una critica della Antropologia liberale,* Pisa: ETS, 1999, especialmente p. 226-86.

[2] Montesquieu, no livro XI, cap. III, sobre o *Esprit des Lois*, afirma, como é notório, que o poder judiciário é "em certo sentido, nulo" (*en quelque façon nul*).

dos indivíduos, pareceu pouco convincente. Tornou-se cada vez mais claro que, em última instância, a ordem capaz de garantir a liberdade é confiada àquele mesmo soberano que pode abatê-la. Como salienta Pietro Costa,[3] grande parte do liberalismo do século XIX é percorrida pelo mal-estar, derivado do conhecimento da fragilidade da tutela dos direitos fundamentais, oferecida pelo paradigma legicêntrico.

A partir de Lorenz Von Stein e Otto Bahr, a teoria jurídica alemã, em meados do século XIX, tentou frear o Leviatã estatal, transformando a teoria montesquiana da divisão dos poderes numa teoria das diversas funções do Estado: administrativa, jurisdicional e legislativa. O Estado-administrador, assim, foi subjugado seja às regras do Estado-legislador, seja aos veredictos do Estado-juiz, que já a doutrina iluminista tornara independente do poder do executivo e subordinado exclusivamente à lei. A partir da segunda metade do século XIX, o Estado de Direito é o Estado no qual vigora o princípio de legalidade não só para a atividade jurisdicional (*nullum crimen sine lege* e *nulla poena sine lege*), como afirmara o iluminismo do século XVIII, mas também para a atividade administrativa. Porém, quanto ao Estado-legislador, também a escola jurídica alemã não encontrou uma solução: limitou-se a confiar seu controle a fatores extrajurídicos como a opinião pública, o grau de civilidade do povo, a história das nações. A essas fórmulas também tiveram que recorrer as teorias mais refinadas do Estado de Direito, como a teoria da autolimitação do Estado, de Rudolf Von Jhering, e a teoria dos direitos públicos subjetivos, de George Jellinek.

O nó da relação entre poder (legislativo) e Direito só foi resolvido no início do século XX, por Hans Kelsen. De um lado, o jurista austríaco identificou o Estado com o ordenamento jurídico, esvaziando-o de qualquer conotação voluntarista. De outro, aperfeiçoando a teoria hierárquica do ordenamento jurídico, concebeu a relação entre constituição e lei como uma relação normal entre duas normas de diverso grau e, portanto, como qualquer relação desse tipo, avaliável desde um ponto de vista jurídico. Neste quadro, o Parlamento não é mais um órgão soberano, mas um órgão que deve agir sobre a base de precisas normas constitucionais que definem sua competência e as modalidades processuais que deve seguir. A exata obediência a essas normas e, portanto, a correção formal e substancial das leis pode ser controlada por uma Corte judi-

---

[3] P. Costa, "Lo Stato di diritto: una introduzione storica", in P. Costa, D. Zolo (orgs.), *Lo Stato di diritto. Storia, teoria, critica*, Milano: Feltrinelli, 2002.

cial.[4] Para Kelsen, de acordo com uma ideologia que se afirmou com o Iluminismo, frear o poder do Leviatã estatal significa submetê-lo ao controle dos juízes. Mais precisamente, o papel de defesa é confiado a um poder judiciário que deve operar como "boca da constituição". Em outras palavras, a *Stufenbautheorie* kelsiana, fixando a relação hierárquica entre constituição e lei, demoliu o dogma oitocentista da soberania do Parlamento e, submetendo-o a vínculos jurídicos, tornou o poder legislativo juridicamente controlável, sem modificar o quadro completo positivista e formalista do paradigma rousseauniano-montesquiano.[5]

A trajetória do Estado de Direito, na Europa continental, portanto, pode ser considerada como uma grandiosa tentativa de juridicizar o poder. Essa trajetória culmina certamente na teoria do Direito kelseniana, que abre caminho a uma engenharia constitucional, capaz de submeter também o poder legislativo ao controle judicial.

Enfatizando os aspectos substanciais mais que os formais, a trajetória do Estado de Direito pode ser lida como a tentativa de fazer conviver a esfera do poder soberano com a esfera jurídica das liberdades individuais, subtraída do poder soberano. No curso do século XIX, este empreendimento parecia impossível. A teoria kelseniana, ao contrário,

---

[4] A primeira Corte constitucional dotada deste poder foi prevista pela Constituição austríaca de 1920 (nos arts. 137-148). Foi Kelsen a elaborar, a pedido do Governo, o projeto da Corte e foi ele próprio, por muitos anos, seu membro e seu relator permanente. Para as teses de Kelsen sobre o juízo de constitucionalidade das leis, veja-se, em particular, os ensaios recolhidos em H. Kelsen, *La giustizia constituzionale*, tr. It. Milano: Giuffrè, 1981, especialmente o ensaio de 1928, "La garantie jurisdictionelle de la Constitution" (*Revue du droit public et de la science politique*, 35, tr. it. cit., p. 143-206). Sobre a contribuição de Kelsen para a afirmação do paradigma constitucional, veja-se G. Bongiovanni, *Reine Rechstslehre e dottrina giuridica dello Stato. H. Kelsen e la costituzione austríaca del 1920*, Milano, Giuffrè, 1998.

[5] Sobre a contradição entre constitucionalismo e formalismo de Kelsen, veja-se L. Ferrajoli, *La cultura giuridica nell'Italia del Novecento*, Laterza, Roma- Bari, 1999, p. 92-113. Luigi Ferrajoli ("Lo Stato di diritto tra passato e futuro", in P. Costa, D. Zolo (orgs), *Lo Stato di diritto, Storia, teoria, critica,* Milano, Feltrinelli, 2002), recentemente voltou a enfatizar que Kelsen, fiel a seu dogma do caráter "puro"e não valorativo da teoria do Direito, um tanto contraditoriamente, foi convicto defensor da tese "paleojuspositivista" da equivalência entre validade e existência de normas, a qual impede que as normas substancialmente em contraste com a constituição sejam qualificadas como inválidas. Veja-se H. Kelsen, *General Theory of Law and State, Cambridge,* University Press, 1945, tr. It. Milano, Edizioni di Comunità, 1959, p. 118, onde se lê que as normas "permanecem válidas até quando não sejam invalidadas no modo determinado pelo próprio ordenamento jurídico". Algumas páginas depois (trad. it. 158) Kelsen defende que "a afirmação habitual que uma 'lei inconstitucional' é inválida (nula) é uma proposição sem *sentido, porque uma lei inválida não é de fato uma lei".* As mesmas teses são repetidas em *Reine* Rechtslehre, Wien, Deutucke, 1934, tr. It. Torino, Einaudi, 1966, p. 302 e 305: "uma lei não válida não é de fato uma lei, uma vez que juridicamente não existe e, portanto, não é possível nenhuma afirmação jurídica a respeito"; "as chamadas leis inconstitucionais" são leis constitucionais, porém anuláveis com um determinado procedimento". Vejam-se também os ensaios recolhidos em *La giustizia costituzionale,* cit., p. 166-167 e 300, onde para superar a antinomia, a anulação da lei inconstitucional é assimilada à ab-rogação: isso consistiria em "tirar a validade", também "com efeito retroativo".

ESTADO DE DIREITO E INTERPRETAÇÃO

ofereceu a via para a solução do problema, no plano formal, eliminando o dogma da soberania do órgão legislativo. Em sua esteira, as constituições pós-bélicas empenharam-se em assegurar a tutela não só dos direitos de liberdade, mas também daqueles sociais. Porém, logo o formalismo kelseniano configurou-se como uma solução insatisfatória no plano substancial. A partir dos anos setenta, a progressiva expansão do intervencionismo estatal expôs novamente a esfera das liberdades individuais à ameaça do Leviatã.

As constituições pós-bélicas dos principais países da Europa ocidental sancionaram a institucionalização definitiva tanto dos direitos sociais, quanto, seguindo Kelsen, do mecanismo do *judicial review*. Portanto, a noção de "Estado de Direito" parecia agora completamente reabsorvida naquela de "Estado Constitucional" e, particularmente, de Estado Constitucional caracterizado por um órgão jurisdicional dotado do poder de apurar a legitimidade constitucional da legislação.[6] Se esta "reabsorção" não se consolidou, se a noção de "Estado de Direito" readquiriu uma vitalidade autônoma também no interior dos ordenamentos constitucionais, é porque o modelo kelseniano demonstrou-se incapaz de vencer os desafios que teve que enfrentar: no plano político, o desafio da "disciplina"; naquele jurídico, o desafio da "incerteza".

Nas próximas páginas discutirei brevemente, no plano teórico-político, o desafio da "disciplina", para depois afrontar o plano do discurso jurídico e o desafio da "incerteza".

---

[6] L. Ferrajoli, "Lo Stato di diritto tra passato e futuro", cit. Para a reproposição desta tese numa perspectiva hermenêutica cfr. F. Viola -G. Zaccaria, *Diritto e interpretazione. Lineamenti di teoria ermeneutica del diritto*, Roma-Bari: Laterza, 1999, 460-1.

2. O desafio da disciplina

Nas últimas décadas do século passado, pouco a pouco, o "Estado de Direito" tornou-se uma fórmula mágica com a qual se tenta diminuir a tensão entre a lógica liberal dos direitos civis e políticos e a lógica "biopolítica" dos direitos sociais,[7] que parece ter chegado agora a níveis insustentáveis. Esta tensão evidenciou-se nas sociedades ocidentais, a partir dos anos oitenta, pelo crescimento impetuoso das reivindicações por serviços públicos e pela simultânea oposição, em nome dos direitos civis, do desenvolvimento dos direitos sociais. Seria um erro desqualificar essa oposição, como se se tratasse de uma míope defesa do direito de propriedade e de posições de privilégio, ainda que este aspecto não seja irrelevante.

Se, de fato, de um lado, a polêmica contra os direitos sociais pode ser considerada como expressão de interesses cristalizados em torno da figura do proprietário privado e, portanto, como funcional ao mercado, por outro lado, ela se inspira no ideal normativo das liberdades individuais que está na base da cultura liberal. Portanto, estas oposições devem ser vistas também como reivindicações de uma fonte independente de poder e de iniciativa econômica, motivadas pela agudização do senso de dependência das instituições políticas e de seu poder de decisão.[8] Elas são o sinal que, aquelas que Michel Foucault definiu como as "normatizações disciplinares" são agora percebidas como incompatíveis com o modelo antropológico do sujeito dos direitos, afirmado pela doutrina liberal.

Não é por acaso que a noção de "Estado de Direito" que prevaleceu seja aquela proposta por Friedrich Von Hayek. Em *The Road of Serfdom*

---

[7] Para essa contraposição, permito-me reenviar a meu "Le antinomie della cittadinanza: libertà negativa, diritti sociali e autonomia individuale", in D. Zolo (a cura di) *Cittadinanza: appartenenza, identità, diritti*, Bari, Laterza, 1994.

[8] M. Foucault, Social Security in D. L. Kritzman (org.), *Politics, Philosophy, Culture: interviews and Other Writings 1977-84*, New York, Routledge, 1988, p. 163.

ESTADO DE DIREITO E INTERPRETAÇÃO

(O caminho da Servidão), de 1944, Hayek afirmara que, liberado de qualquer "technicality", o *rule of law* (considerado, neste contexto, a-problematicamente como sinônimo de "Estado de Direito") pode ser definido como o regime no qual o governo

> *in all its actions is bound by rules fixed and announced beforehand – rules which make it possible to foresee with fair certainty how the authority will use its coercive powers in given circumstances, and to plan one's individual affairs on the basis of this knowledge.*[9]

Trata-se de uma noção que coloca em evidência a autonomia do indivíduo, ou seja, a capacidade do Estado de Direito de garantir a cada cidadão a possibilidade de projetar a própria vida, como quiser. O *revival* do Estado de Direito tem, portanto, uma validade mais política que jurídica: esta noção é apresentada simplisticamente como o baluarte dos ideais jurídicos liberais, ameaçados, ou ao menos comprimidos, pelo Estado social.[10]

A forte conotação ideológica deste *revival* fincou raízes num terreno já fertilizado pelo uso político da noção de "Estado de Direito" (ou *rule of law*). Esta fora utilizada, entre o final dos anos cinqüenta e o início dos anos sessenta, para marcar a distância entre o Ocidente liberal-democrático e os totalitarismos velhos e novos, desde aquele nazista, àqueles da União Soviética e de seus satélites, e àquele chinês.[11] Para o êxito de uma noção de *rule of law,* de forte conteúdo ideológico, contribuiu de forma determinante o fato que ela tenha sido vista por muitos juristas como um refúgio, um resguardo, para escapar da condenação do

---

[9] F. von Hayek, *The Road to Serfdom*, London, Routledge & Kegan Paul, 1971, p. 54.

[10] Para esta linha de pensamento, além de Hayek (veja-se também *The Constitution of Liberty*. London, Routledge & Kegan Paul, 1960, tr. It. *La società libera*, Firenze, Vallecchi, 1969, p. 240-2) pode-se ver Bruno Leoni (*Freedom and the Law*, Princeton (NJ), D. van Nostrand, 1961; tr. It. Macerata, Liberilibri, 1995, p. 67-86) e Michael Oakeshott (*The rule of law*, in Id., *On History and Other Essays*, New York, Barnes and Noble, 1983, 157-64 e muitos ensaios recolhidos em *Rationalism in Politics and Other Essays*, Indianápolis, Liberty Fund, 1991). Estes autores aproveitaram o clima ideológico dos anos cinqüenta para fazer da *rule of law* a bandeira da batalha contra o voluntarismo racionalista. A seus olhos, a ideologia voluntarista e racionalista representava um fio vermelho que ia da revolução francesa à programação econômica soviética, sendo que a ela contrapunham uma espontaneística racionalidade histórica "liberal", cujo mais brilhante exemplo, afirmavam, estaria representado na constituição inglesa e, mais em geral, pela *common law*.

[11] Sob este perfil, são emblemáticas as Atas dos vários congressos da Associação Internacional dos Juristas, realizados entre os anos '50 e '69; veja-se International Commission of Jurists, *The Rule of Law in a Free Society*, Geneva, Int. Comm. Of Jurists, s.d.; Id., *The Dynamic Aspects of the Rule of Law and Human Rights. Principles and Definitons*, Geneva, Int. Comm. of Jurists, s.d. Merece destaque que a noção de "Estado de Direito" se prestava melhor, como divisor-de-águas, do que o apelo aos "direitos fundamentais". De fato, desde Jeremy Bentham em diante, a noção dos "direitos fundamentais" é uma categoria estranha à tradição jurídica inglesa predominante.

positivismo jurídico, considerado *o húmus* do nazismo, sem que estivessem obrigados a se converter, na esteira de Gustav Radbruch, ao jusnaturalismo. Esta confluência de motivos do êxito do *rule of law,* nas duas décadas sucessivas à Segunda Guerra Mundial, encontrou provavelmente sua mais clara expressão na discussão entre Herbert L. A. Hart e Lon Fuller sobre a relação entre Direito e moral. Fuller[12] defende uma posição que definiria de neojusnaturalista ou de jusnaturalismo formal: o Direito possui uma moralidade intrínseca, pelo fato de ele ser claro, geral, não-retroativo, abstrato: as normas emanadas de forma correta, quanto ao procedimento, mas que são desprovidas de tais requisitos, não são "Direito". Em outras palavras, segundo Fuller, o "Direito" por definição, ou melhor, por sua moralidade intrínseca, satisfaz os cânones do *rule of law*, tais como foram fixados por Hayek. Nos anos '50 e '60, esta posição permitia defender a nulidade de grande parte das leis nazistas (por exemplo, aquelas que sancionaram o confisco dos bens dos judeus, para citar um tema ainda hoje atual). Hart[13] rejeitou esta posição como jusnaturalista, mas o fez com grande dificuldade. Afirmou, como é notório, que o Direito "tem", mas não "deve necessariamente ter" um conteúdo moral mínimo. A doutrina, ou melhor, a ideologia do *rule of law,* apresentou-se como capaz de reconciliar estas posições: permitiu afirmar que as normas privadas dos requisitos pedidos por Fuller são formalmente válidas, mas que o Estado caracterizado por este gênero de normas não é um "Estado de Direito". Tal noção elevou-se assim a emblema dos valores da civilização jurídica ocidental. As teses de Fuller, uma vez "desjusnaturalizadas", pareceram retomar a longa tradição que, desde Locke, considerara a lei produzida por assembléias liberal-democráticas como geral,[14] abstrata, não-retroativa e, portanto, "boa".[15]

---

[12] L. L. Fuller, "Positivism and Fidelity to Law – A Reply to Professor Hart", Harvard Law Review, 71 (1958); veja-se também Id. The Morality of Law, New Haven (CT), Yale UP, 1969, tr. It. Milão, Giuffrè, 1986.

[13] H. L. A. Hart, "Positivism and the Separation of Law and Morals", *Harvard Law Review*, 71 (1958) agora em Id, *Essays in Jurisprudence and Philosopy*, Oxford, Clarendon Press, 1983; mas cfr. também *The Concept of Law*, London, Oxford University Press, 1961, tr. it. Torino, Einaudi, 1991.

[14] Rousseau chegara a ponto de afirmar que a lei, sendo manifestação da vontade geral, necessariamente ela própria também é geral.

[15] Símbolo desta tendência pode ser considerado a cláusula 1 do relatório redigido pela primeira comissão do Congresso Internacional dos Juristas, realizado em Nova Delhi, em 1959, onde se lê: «the function of the legislature in a free society under the Rule of Law is to create and maintain the conditions which will uphold the dignity of man as an individual. This dignity requires not only the recognition of his civil and political rights but also the establishment of the social, economic, education and cultural conditions which are essential to the full developmet of his personality» (International Commission of Jurists, *The Rule of Law in a Free Society*, cit., p. 74).

A dimensão política da noção de *rule of law* é provada por sua impermeabilidade às críticas feitas a seu uso por Joseph Raz. Reagindo à tendência a equiparar a *rule of law* ao *rule of the good law*, Raz sublinha que, à medida que esta definição se refere ao princípio de legalidade e à certeza do Direito,

> *a non-democratic legal system, based on the denial of human rights, on extensive poverty, on racial segregation, sexual inequalities, and religious persecution may, in principle, conform to the requirements of the rule of law better than any of the legal systems of the more enlightened Western democracies.*[16]

Segundo Raz, os requisitos indicados por Fuller (não-retroatividade, clareza, transparência, etc.) são qualidades do Direito. Em certa medida, são logicamente (ou teleologicamente) necessários, porque tarefa da lei é dirigir o comportamento dos sujeitos: na falta de tais requisitos, o Direito não poderia alcançar este fim.[17] O ordenamento jurídico que respeita plenamente os requisitos do *rule of law* não é aquele mais liberal ou mais democrata, mas sim o ordenamento jurídico mais eficaz concebível. Se o *rule of law* garante um valor, este é exclusivamente, a certeza do Direito, certeza de organizar a própria vida, de ser seu "dono", que se permite, como afirma Hayek, a todos, mas que não assegura de *per si* qualquer espaço que garanta a liberdade de organizar a própria vida.

Posições como aquela de Raz que, definitivamente, reconduzem a discussão sobre o Estado de Direito à problemática do século XIX, tentavam privar a noção de *rule of law* de qualquer atração teórico-política. Porém, esqueceram o peso do "mito" do Estado de Direito. Com o declínio dos regimes totalitários do leste europeu, nas democracias liberais contemporâneas, de novo apelou-se à noção de "Estado de Direito" para enfatizar a insuficiência da tutela dos direitos "civis", em contraposição àqueles sociais. Invoca-se o "Estado de Direito" como instrumento teórico para fugir da certeza que a difusão dos mecanismos disciplinares é apenas a outra face da progressiva proliferação dos direitos subjetivos (não apenas os sociais!). Portanto, foi a falta de alternativas aos modelos político-jurídicos das democracias ocidentais que colocou novamente a noção de "Estado de Direito" na ribalta.

---

[16] J. Raz, "The Rule of Law and Its Virtue", *The Law Quarterly Review*, 1977, ora in Id., *The Authority of Law*, Oxford, Clarendon Press, 1979, p. 211.

[17] Uma tese análoga foi defendida, ainda que incidentalmente, também pelo próprio Fuller (em *The Morality of Law*, cit.)

Apelou-se a esta noção por sua capacidade de evocar uma estrutura de poder estatal capaz de assegurar aos indivíduos aquela possibilidade de organizar autonomamente a própria vida que, como vimos, era almejada por Hayek, e que os atuais ordenamentos do mundo ocidental não parecem garantir satisfatoriamente. Também nesta sua "terceira juventude", quando se procura passar de seu poder evocativo a uma precisa definição, a noção de "Estado de Direito" parece muito problemática. Invocá-la, particularmente em sua formulação hayekiana, significa invocar os direitos civis para criticar as técnicas disciplinares. Essa manobra é realizada a despeito do fato que a história dos sistemas políticos ocidentais mostra amplamente, como observa Foucault, que "soberania e disciplina, direito à soberania e mecanismos disciplinares são duas partes constitutivas dos mecanismos gerais do poder em nossa sociedade".[18] Certamente não é recorrendo à soberania contra a disciplina que se pode limitar os efeitos do poder disciplinar. Ele representa a face indesejável do aumento de liberdade, da possibilidade de agir e programar a própria vida: só um forte controle disciplinar torna possíveis as ações e os programas que requerem a coordenação de muitas pessoas. Só o fato que muitos executem, de forma disciplinada, suas tarefas, torna possível ações banais – como tomar o trem – e ações muito complicadas, como as trocas financeiras. Nas sociedades complexas, a liberdade de cada um, entendida como possibilidade de realizar ações, depende quase totalmente do disciplinamento dos outros: liberdade e poder disciplinar são duas faces da mesma moeda.

---

[18] M. Foucault, *Lezione seconda. 14 gennaio 1976. Genealogia 2. Potere, diritto, verità*, em *Difendere la società*, Firenze: Ponte alle Grazie, 1990, p. 39.

3. O desafio da incerteza

Quanto ao plano jurídico, o constitucionalismo kelseniano removeu, mas não resolveu, o desafio da incerteza que diversas correntes jurídicas haviam lançado ao formalismo e ao normativismo,[19] entre o final do século XIX e início do XX.

No início do século XX, tanto o sistema da Europa continental, como aquele de *common law* sofreram uma crise de legitimação. Essa crise deveu-se à progressiva perda de plausibilidade do axioma jurídico, sustentador do paradigma "legicêntrico" rousseauniano-montesquieuniano, depois retomado pela teoria de Kelsen. Segundo aquele axioma, o processo de resolução das controvérsias legais coincide com o processo de interpretação dos textos normativos. Em outras palavras, os litígios levados às Cortes devem ser resolvidos através do exame das normas codificadas. Muitos autores, pertencentes a diversas escolas, enfatizaram que a individuação da solução do caso jurídico e a argumentação utilizada para seu suporte, embora interconectadas, são o resultado de dois processos claramente distintos. Segundo esta tese, o tão proclamado caráter lógico do processo de decisão judicial não passa, no melhor dos casos, de uma ficção. Na realidade, nada garante que exista um nexo vinculante entre os textos normativos e as decisões das Cortes. A crise nasce da mirabolante afirmação que o Direito não gozava daquela que era classicamente considerada como sua virtude principal: a certeza. O nó central dessa questão foi expresso por um dos nobres pais do realismo norte-americano, Oliver Wendell Holmes, que escreve em "The Path of the Law":[20]

> *The language of judicial decision is mainly the language of logic.*
> *And the logical method and form flatter the longing for certainty*

---

[19] Pode-se lembrar, na França, François Geny, na Alemanha, Philip Heck e a jurisprudência dos interesses e Eugen Ehrlich e a escola livre do Direito, o realismo escandinavo e aquele norte-americano.

[20] *Harvard Law Review*, 10 (1897), p. 465-6.

and response which is in every human mind. But certainty generally is illusion, and response is not the destiny of man. Behind the logical form lies a judgment as to the relative worth and importance of competing legislative grounds, often an inarticulate and unconscious judgment, it is true, and yet the very root and nerve of the whole proceeding.

Nas primeiras décadas do século XX, emerge uma nova concepção do Direito, dotada de alguma coerência, ainda que talvez sem organicidade, e radicalmente alternativa ao formalismo do século XIX, que mescla o realismo norte-americano e várias tendências européias.[21] A característica saliente dessas teorias que, por comodidade e brevidade, podem ser definidas como realistas, é, ainda que com diversas tônicas, a tese de que o juiz não é, não pode ser, e é bom que não seja, vinculado pelas normas. Todas essas teorias diferenciam entre o processo de resolução da controvérsia jurídica e aquele de sua exposição de motivos. O juiz recorre à norma para explicar sua decisão, mas esta é tomada segundo outros parâmetros (aqueles que o juiz considera "justos" no caso concreto).[22] Portanto, o realismo rechaça a idéia de que as normas "decidam" as controvérsias. Segundo os autores relacionados a esta linha de pensamento, são os juízes que decidem as causas pendentes a eles apresentadas.

Aos defensores do modelo rousseauniano-montesquieuniano, esta tese pareceu um retrocesso de séculos. Pareceu-lhes anular a própria conquista da positivação do Direito e, portanto, repudiar aquelas instâncias de racionalidade e de justiça às quais o positivismo jurídico dera voz. A instância absolutamente prioritária de um ordenamento jurídico positivo é, de fato, que a lei preestabeleça formalmente, contra o arbítrio judiciário, aquilo que é proibido e penalmente punível: o juiz não deve fazer nada além de aplicar a lei, ajustando os pressupostos por ela fixa-

---

[21] Para semelhanças e diferenças entre o realismo norte-americano e a escola livre do Direito, ver J. Herget – S. Wallace, "The German Free Law Movement as the Source of American Legal Realism", *Va. Law Review*, 73 (1987), p. 399 e sgs. Para um paralelo entre as teses do realismo norte-americano e aquele escandinavo, pode-se ver a útil antologia de S. Castignone, *Il realismo giuridico scandinavo e americano*, Bologna: il Mulino, 1981.

[22] Este problema ainda hoje pesa como uma rocha sobre a teorização jurídica. Como afirmaram dois civilistas alemães (H.J. Koch; H. Rüssmann, *Juristiche Begründungslehre. Eine Einführung in Grundprobleme der Rechtswissenschaft*, München, Beck, 1982, p. 1) não muito tempo atrás: "continua sendo útil notar que o problema relativo à efetiva produção da decisão jurídica deve ser considerado como rigorosamente distinto da questão da aceitabilidade de uma dada interpretação legal. A distinção entre os dois problemas é importante, porque a solução de um deles, não implica na solução do outro: motivos discutíveis, colocados na base da decisão, não transformam uma boa interpretação numa descartável: motivos apreciáveis não tornam boa uma má interpretação".

dos. A afirmação que é o juiz, e não o Direito, quem resolve a controvérsia – que é o juiz,, e não o legislador, quem produz o Direito – foi recebida como a recusa da noção de "Estado de Direito" e dos valores que essa noção exprime: a tese de que o juiz produz o Direito foi considerada como o repúdio do princípio de legalidade como fonte de legitimidade do poder, insubstituível limite ao arbítrio, e garantia de certeza, igualdade e liberdade.

Segundo modelo rousseauniano-montesquieuniano do Estado de Direito, a jurisdição está sujeita à lei e extrai a própria fonte de legitimação unicamente de tal subordinação, ou seja, do princípio de legalidade. Deriva daí o caráter puramente cognitivo do juízo: o juiz é exclusivamente chamado a verificar os fatos previstos e indicados pela lei, segundo regras estabelecidas pela própria lei. O desempenho que se pede a ele é de mera cognição: a verificação daquilo que é preestabelecido pela lei. O fato de que o juiz se atenha escrupulosamente a este desempenho, e não atropele as tarefas a ele confiadas, é considerado o fundamento da certeza do Direito, da igualdade diante da lei e a garantia da liberdade contra o arbítrio. A ciência jurídica é uma "ciência", porque as normas podem e devem ser aplicadas pelos diversos sujeitos que decidem, através de procedimentos rigorosamente lógicos. A personalidade de quem decide não deve influir na solução da controvérsia: os juízes decidem de forma correta, quando nada além das normas influi em sua decisão. O Direito é feito por normas (fixadas na lei, ou no máximo, derivadas de outras precedentes) que são aplicadas aos fatos, para decidir as controvérsias jurídicas.

Na base do paradigma positivista, há uma clara distinção entre o jurista (o "cientista" que estuda o Direito) e o Direito. O jurista, como o cientista das ciências naturais, é o autor de uma operação cognitiva que encontra frente a si um objeto – o Direito (as instituições, as leis, os costumes, a vontade do soberano e assim por diante) – já dado, definido, concluído: "um objeto que tem a mesma peremptória 'objetividade', quero dizer, naturalidade do mundo. A operação cognitiva do jurista nasce 'depois', exercita-se sobre uma 'realidade' já constituída que apenas espera ser completamente representada".[23] É tarefa do juiz "descobrir" o que o Direito é, num determinado contexto. O jurista somente desempenha sua tarefa, se for capaz de captar a realidade do Direito, o Direito como "realmente" é, seja o que for que se entenda por esta

---

[23] P. Costa, "Discorso giuridico e immaginazione. Ipotesi per una antropologia del giurista", in *Diritto pubblico*, 1995, p. 17.

ESTADO DE DIREITO E INTERPRETAÇÃO

expressão: o Direito como "norma social", o Direito como "sistema de normas", o Direito como "vontade do legislador". Seu dever não é interrogar-se sobre o que o Direito prescreve, mas simplesmente aplicá-lo. Portanto, sua ação deve ser conforme os padrões da descrição: isenta de juízos de valor, raciocínio lógico preciso, objetividade e impessoalidade. O saber jurídico deve configurar-se, segundo esse paradigma, a uma exposição "científica", isto é, sem sinais de elementos de alguma forma pertencentes à esfera da paixão, dos interesses e das ideologias, em resumo, da subjetividade. Segundo esta impostação, somente se "científico", isto é, livre de qualquer material "impuro", o discurso jurídico pode ser assumido como produtor de "verdade" ou, o que é o mesmo, de Direito.

Neste quadro, o discurso dos juristas funda a própria pretensão de "seriedade" exclusivamente sobre a reivindicação do rigor lógico dos procedimentos argumentativos, do caráter "puramente" descritivo neutro dos enunciados de que se compõe. O papel da interpretação jurídica é aquele de interrogar o Direito, assim como é expresso nos textos normativos, para ver qual solução eles "impõem" ao caso que foi proposto ao juiz, por exemplo, uma conduta transgressiva ou uma interação conflituosa. A operação é de caráter lógico e, portanto, não deve apresentar nenhuma dificuldade, a não ser aquela de encontrar a norma aplicável. O problema só surge quando o jurista, ou mais especificamente, o juiz, em sua pesquisa no Direito vigente, descobre que não "existe" a norma que regula o caso, que não existe uma norma dedutível logicamente do Direito escrito. Somente nesse caso – lembre-se a desesperada tentativa de resolver o problema através do sistema do *référé législatif* (árbitro legislativo)[24] – admite-se que o jurista realize uma obra que não é de mero registro de uma norma já existente, mas sim de criação de algo que vem à luz, graças ao procedimento interpretativo. Mas mesmo quando se cede frente à incompletude do ordenamento jurídico, procura-se limitar a obra criativa do juiz a algum caso raro e, assim mesmo, estabelecem-se "n" critérios que a devem guiar e limitar: parece altamente perigoso que o intérprete possa inventar o Direito.

O principal inimigo da cientificidade do discurso jurídico e, portanto, da certeza do Direito, é a subjetividade do intérprete, especialmente sua subjetividade "política". A cientificidade do discurso jurídico é primeiramente sancionada por sua diferença em relação à esfera sub-

---

[24] Segundo este sistema, introduzido na França no período da Revolução, o intérprete era obrigado a remeter ao legislador os casos tidos como dúbios por uma lacuna do ordenamento jurídico ou pela obscuridade da lei, a fim de que definisse uma regra clara.

jetiva da política que é incontrolável e, portanto, "despótica". A garantia da certeza e da imparcialidade do Direito é remetida à convicção de que a ciência jurídica é, ainda que assintoticamente, produtora de verdade enquanto capaz de conhecer "objetivamente" o Direito. Esta tese pressupõe que o conhecimento científico seja objetivo, enquanto fundado em procedimentos da Lógica e em observações dos fatos os quais, por sua vez, são diretamente observáveis e constatáveis por qualquer um que disponha dos instrumentos (isto é, da ciência jurídica) para analisá-los. Apresentar o discurso jurídico como claramente distinto daquele político é uma escolha obrigatória, uma vez que se assume o paradigma segundo o qual, qualquer saber, portanto também o saber jurídico, é produtor de verdade somente na medida em que se distingue claramente do mundo imprevisível e incontrolável da subjetividade. Não há qualquer razão para que esta tenha um papel num empreendimento que consiste em encontrar o que efetivamente é o Direito, e que não se refere absolutamente ao Direito como deveria ser, como enfatizam repetidamente os teóricos do positivismo, de Jeremy Bentham a Hart. Expulsa da esfera da ciência jurídica, a subjetividade permanece livre de se exprimir no campo da política que, justamente por isso, jamais deve sobrepor-se àquele do discurso jurídico.

O positivismo e o paradigma rousseauniano-montesquieuniano do Estado de Direito que nele se funda implicam, portanto, uma sólida e exigente teoria do conhecimento científico e, ao mesmo tempo, remetem a uma concepção fraca, ou para dizê-lo com Montesquieu, quase "nula" da subjetividade. O juiz, e, mais em geral, o jurista, não é, e não deve ser nada além do que a "boca da lei", o megafone da ciência jurídica e da verdade que ela permite alcançar. Como escreve Costa,

> o paradigma positivista impõe que a subjetividade desapareça apenas se inicie o discurso científico: a subjetividade é compreendida como um roupão que pode, que deve, ser retirado, assim que se vistam as roupagens solenes e públicas da ciência. A proclamação da neutralidade, da objetividade, da impessoalidade, da descritividade da ciência, a ênfase em sua absoluta relevância gnosiológica seguem em paralelo com a correlacionada minimização da "subjetividade" dos sujeitos, portanto, também dos "cientistas", à desconsideração de seu necessário e integral enraizamento histórico-social e institucional.[25]

---

[25] P. Costa, "Discorso giuridico e immaginazione. Ipotesi per una antropologia del giurista", cit., p. 4.

4. Os pressupostos antropológicos do formalismo normativo

As correntes realistas do início do século XX têm em comum a idéia de que as interpretações dos textos normativos consistem em sua substancial reescritura em função do "presente" do intérprete. O juiz não encontra um Direito já dado, não registra aquilo que o Direito é, mas o cria (com relativa liberdade), enquadrando-o na moldura dos textos que interpreta. Nessas teses, combinam-se razões políticas e teorias epistemológicas, porém com o passar dos anos as segundas tornaram-se sempre mais claramente o pressuposto das primeiras: o juiz não é vinculado pelos textos normativos, porque não existe um Direito pronto para uso, fornecido por um texto qualquer. A propósito desta orientação, Hart[26] falou de "ceticismo das normas". Hoje as correntes interpretativas (ao menos aquelas mais radicais) que retomaram o desafio cético são caracterizadas por alguns pressupostos que assim foram sintetizados por Costa:

> a) o sujeito interpreta os textos a partir da totalidade da situação em que se encontra; b) o sentido do texto não é uma qualidade objetiva dele próprio, a ele imanente, mas que lhe é atribuído pelo intérprete; c) o intérprete reescreve o texto em função das questões, dos interesses, das exigências características de seu presente; d) não ocorrem critérios racionais e absolutos de veracidade ou falsidade de uma interpretação; e) a veracidade de uma interpretação se traduz no consenso que ela está em grau de obter, sob a base dos pressupostos compartilhados num grupo, numa sociedade, num determinado contexto; f) não podendo a interpretação de um texto se apresentar como apoditicamente verdadeira, isso se traduz numa estratégia de persuasão do interlocutor com base em pressupostos

---

[26] H. L. A. Hart. *The Concept of Law*, cit. p. 159-65.

"localmente" compartilhados com o próprio interlocutor; g) a argumentação interpretativa não pertence ao domínio da lógica, mas sim ao da retórica.[27]

No fundo das teorias interpretativas radicais, está a tese de que o significado de uma proposição lingüística não depende do significado de suas partes constitutivas: o significado não pode ser identificado, retirando das características gráficas ou fonéticas símbolos que compõem a proposição. Não existe nada que possa ser definido como "o significado literal" de um enunciado, entendendo por "significado literal" um significado independente do contexto, da forma *mentis* de quem o profere, e de sua *audience*. Não existe qualquer significado que seja precedente à interpretação, e que possa ser utilizado como referência para distinguir as interpretações corretas, daquelas equivocadas (e, geralmente, afirma-se que isto é um bem).

O problema da relação entre a capacidade dos enunciados lingüísticos de vincular os intérpretes e o Estado de Direito foi colocado com muita clareza, como mencionei, por Hart. Em sua célebre obra *The Concept of Law*, polemizando com os realistas americanos, Hart afirma que se não se atribui às palavras, ao menos um núcleo de significado autoevidente, de forma tal que esse núcleo possa vincular, ao menos parcialmente, os intérpretes, então, como já tinha proclamado alarmado o bispo Hoadly,[28] "o legislador é, sob todos os aspectos, aquele que tem a absoluta autoridade de interpretar leis escritas e orais, e não aquele que, originalmente, escreveu-as ou pronunciou-as".[29] Um mundo no qual a palavra não está em grau de oferecer a base para definir um critério de juízo é, para Hart, um mundo sem princípios, um mundo onde não existe nenhuma diferença entre o Direito e a ameaça do bandido armado, um mundo hobbesiano, no qual o único critério é a força.[30]

Como destaca Stanley Fish,[31] Hart desloca imediatamente o problema do plano epistemológico ao político (num sentido rigorosamente

---

[27] Costa. Discorso giuridico e immaginazione. Ipotesi per una antropologia del giurista, cit., p. 20.

[28] Citado em H. L. A. Hart, *The Concept of Law*, cit., p. 165.

[29] Esta tese é citada com aprovação por John Chipman Gray, um dos pais da escola realista norte-americana, em *The Nature and Sources of Law*.

[30] Não é por acaso que um convencionalista como Hobbes afirma que o soberano é quem define o significado da lei, aquele que julga. É no capítulo XXVI do Leviatã que se encontra a tese segundo a qual cada interpretação é indeterminada e pode dar lugar a inúmeros e possíveis resultados, junto àquela que somente o soberano, com sua interpretação de autoridade (*in qua sola consistit legis essentia*) pode pôr termo à confusão de opiniões como Alexandre Magno fez ao cortar o nó górdio – tal chamada está na edição inglesa do *Leviatã;* (veja-se T. Hobbes, Leviatã, ed. ing. de 1651, tr. it Firenze, la Nuova Itália, 1987, p. 269-70).

[31] Fish, Doing, *What Comes Naturally*, Oxford, Clarendon Press, 1989, p. 5.

weberiano[32]): do plano do "significado" ao do "poder" e de seu uso legítimo. A antiga distinção entre duas noções de verdade – uma noção de verdade como algo independente de qualquer perspectiva local e parcial, e, outra, como algo que parece claro e óbvio somente para aqueles que fazem parte de uma determinada cultura – assume uma importância "política" fundamental. Se nenhuma proposição tem um significado independente da interpretação que a ela é dada, se as palavras utilizadas não vinculam o intérprete, nenhuma lei pode limitar, de modo previsível, o poder dos indivíduos e, particularmente, daquele sujeito chamado institucionalmente a interpretá-la e aplicá-la. Se não existem sinais que vinculem o intérprete, as próprias idéias de Estado de Direito, de governo da lei, da *rule of law,* parecem, por definição, desprovidas de conteúdo, quimeras irrealizáveis. O Direito, com a licença de Fuller, não seria caracterizado por qualquer moralidade intrínseca. Se não existir alguma *authoritative mark*[33] que defina aquilo que pode ser feito, cada governo será como o governo de Tito,[34] absolutamente imprevisível. A noção de "Estado de Direito" parece indissoluvelmente ligada a uma concepção da verdade como instrumento para julgar as ações humanas, e não como produto da ação humana.

Para a concepção rousseauniana–montesquiana do Estado de Direito, o caráter auto-evidente das afirmações normativas e a conseqüente concepção da ciência jurídica como um empreendimento de mero reconhecimento são dois elementos essenciais. Sem isso, o governo da lei, impessoal, imparcial e universal, transforma-se em algo inaceitável para os defensores do Estado de Direito: transforma-se no governo da "persuasão", no governo daquela das partes em juízo que tem, no momento do processo, o poder de convencimento mais forte. Se as afirmações normativas não têm um significado auto-evidente, qualquer forma de autoridade, por sua natureza instável, estaria à mercê de quem, no momento, tivesse a capacidade de persuadir que o Direito tem um determinado significado, o de estabelecer o sentido das palavras. Somente a

---

[32] Como é sabido, para Max Weber (ver Politik als Beruf, em Id, Gesammelte Politische Schrifen, Munchem, 1921, tr. It. Turim, Einaudi, 1966) a "política"é o conjunto de atividades relativas ao "monopólio da força física legítima".

[33] H.L.A.Hart, The Concept of Law, cit, p. 113. A expressão é traduzida por "elemento de autoridade", que possivelmente não dá conta da idéia, de qualquer forma, seu sentido aparece claro pelo teor da discussão de Hart sobre as normas secundárias (ver p. 108-17).

[34] M. Peake, Gormenghast, London, Vintage, 1998. Nesta apologia, Tito se torna soberano de um país onde não existe discricionariedade dos juízes e dos funcionários públicos: tudo, desde a cor dos ovos que devem ser comidos nos diferentes dias da semana, é regulado pelo Direito. Logo que se tornou soberano, Tito decide abolir todas as normas e resolver ele próprio os conflitos que surgem. Essa decisão logo leva o país ao caos.

ESTADO DE DIREITO E INTERPRETAÇÃO

noção neopositivista da linguagem como conjunto de símbolos auto-explicáveis, claros e essenciais, permite conceber não somente uma utópica ordem baseada em princípios e valores eternos e universais, como aquela defendida por Locke e grande parte dos representantes do contratualismo do século XVIII, mas também uma ordem mais realista intencionalmente imposta por um legislador, como aquela imaginada pelos juspositivistas.

Aqueles que rechaçam o formalismo como "uma ilusão ingênua" nem sempre estão conscientes das implicações de suas teses: nem sempre percebem que, como afirma Roberto Mangabeira Unger,[35] "a queda do formalismo arrasta consigo todas as outras doutrinas liberais da jurisdição". O formalismo de fato não é simplesmente uma doutrina lingüística, mas é uma doutrina indissoluvelmente ligada a elementos centrais da tradição liberal. Isso envolve o específico modelo antropológico, as específicas noções de comunidade, de racionalidade, de prática e de política apropriadas pelo liberalismo. Um formalista acredita que as palavras têm um significado claro, mas esta crença é inseparável de muitas outras. Para acreditar que a linguagem seja semanticamente auto-evidente (ou em conseqüência de tal crença), deve-se pensar que os significados são elementos da linguagem, que a mente é capaz de captar, sem problemas, estes significados, que a linguagem é um sistema abstrato preexistente a seu uso, que sua clareza não depende do contexto e, portanto, não é ofuscada por mudanças que nele ocorram. São tais crenças que permitem afirmar que os significados das palavras, relevantes em cada evento regulado pelo Direito, são aqueles que a linguagem possui como sistema abstrato, e não aqueles que pode assumir num contexto particular e que, como afirma Hart,[36] os significados gerais podem ser utilizados para definir o âmbito das interpretações locais das normas e das leis.

Além disso, os defensores do formalismo devem pensar que nenhum elemento da subjetividade do indivíduo interfere com a clareza da linguagem, ou que, se algo interfere, isso pode e deve ser controlado pelo próprio indivíduo: cada desejo pessoal pode e deve ser ignorado no momento em que se está empenhado na interpretação de uma norma. Esta possibilidade está implícita na convicção de que um sistema político "justo" é aquele no qual os significados gerais e abstratos da palavra definem sua utilização, e no qual a vontade pessoal do intérprete se

---

[35] UNGER, Roberto Mangabeira. *Knowledge and Politics*, N.Y., Free Press, 1975, tr. It. Bolonha: Il Mulino, 1983, p. 132.
[36] H.L.A. Hart, The Concept of Law, cit, p. 146-159.

submete à vontade impessoal das normas, uma vontade expressa através da linguagem auto-evidente na qual essas normas são formuladas. Portanto, o formalismo exige aquilo que antes defini como um modelo antropológico hierárquico-dualista:[37] um modelo pelo qual a submissão à lei geral e abstrata é um ato racional, escolhido livremente pela própria vontade do indivíduo, aquela mesma vontade que deve impedir qualquer interferência dos desejos, das idéias, em resumo, da subjetividade do jurista na operação interpretativa. Portanto, o pressuposto do modelo rousseauniano-montesquieuniano é que a racionalidade e o significado sejam independentes de cada contexto em que atuam. O elemento que define uma comunidade civil (regulada por Direito) é o reconhecimento de tal racionalidade como critério de juízo para resolver as controvérsias. Uma comunidade cujos membros se recusam a reconhecer tal critério é, por definição, irracional, e, em conseqüência, governada pelo arbítrio e pela força, pela persuasão, e não por normas que protegem kantianamente a liberdade de todos, porque não refletem a vontade de algum sujeito específico.

---

[37] E. Santoro, *Autonomia individuale, liberta e diritti. Uma critica dell'antropologia liberale*, cit.

5. A resposta ao desafio da incerteza

Durante a última década do século XX, a reação européia ao desafio da incerteza tem sido muito diversa daquela que se desenvolveu nos Estados Unidos. Os juristas europeus procuraram, de qualquer forma, retornar ao modelo formalista e normativista do Direito, defendendo que o desafio realista não compromete seu núcleo essencial. Os juristas norte-americanos, ao contrário, aceitaram substancialmente a tese central dos realistas, abandonando a teoria segundo a qual as normas legais garantem a certeza do Direito. Sua estratégia foi aquela de afirmar ter superado não somente a concepção normativista e formalista, mas também aquela realista e, dessa maneira, ter recuperado a certeza da primeira. Esta recuperação se deu procurando os cânones capazes de devolver certeza às decisões das Cortes, em âmbitos estranhos ao Direito. A maioria dos juristas norte-americanos aceitou a idéia de que os textos normativos não podem garantir a certeza do Direito, mas rejeitou a tese de que o processo de decisão das Cortes possa ser desprovido de parâmetros que o tornem "seguros". Aceita a tese de que as prescrições verbais contidas nos textos normativos não podem fornecer aqueles parâmetros, e seguindo uma estrada acenada por algumas das primeiras teorias realistas, voltaram-se para outras disciplinas para encontrar um sólido fundamento às decisões jurídicas: em primeiro lugar, a Filosofia moral e a Economia.[38] Ambas as reações visavam a neutralizar o desafio realista, em vez de abordá-lo seriamente: a eliminar a incerteza, em vez de idealizar uma teoria do Direito que a incorporasse. Para usar as palavras de Richard Hyland,[39] tanto "os pré-modernos" (os juristas europeus), quanto "os pós-modernos" (os norte-americanos) procuraram

---

[38] Veja-se, a respeito dessa tendência, J. Singer, "Radical Moderation", *Am. B. Found. Res. Journal*, 1985, p. 329-30 e R. Cramton, "Demystifing Legal Scholarship", *Geo. Law Journal*, 75 (1986).

[39] R. Hyland, "Shall We Dance?" em P. Cappellini e B. Sordi, *Codici. Una riflessione di fine millenio*, Milano: Giuffrè, 2002, p. 383.

desesperadamente "fugir das conseqüências da modernidade". Para ambas as posições, o monstro a ser exorcizado é sempre o mesmo: a subjetividade do juiz, o risco que decida segundo seus interesses pessoais, suas convicções ou suas idiossincrasias.

Os juristas da Europa continental parecem obstinadamente ligados à idéia weberiana de que seu sistema jurídico, por ser organizado racionalmente, é superior àquele da *common law*, no qual as decisões das controvérsias são assimiláveis às decisões proféticas do *kadì, e* dependem inteiramente da personalidade de quem decide. Esta postura os leva a rechaçar, quase instintivamente, o desafio realista como um problema que não lhes diz respeito. Sua primeira reação é aquela de pedir provas do fato de que as normas não sejam determinantes para o resultado da controvérsia. Quando lhes são apresentadas muitas decisões nas quais o juiz se ergue em *dominus* do Direito e pronuncia sentenças que ignoram as disposições legislativas, afirmam que estes casos não são mais que as provas do fato que os juízes cometem erros, decidem de forma equivocada. A idéia de que não são as normas a definirem a controvérsia, mas sim a competência dos juristas que se ocupam do caso e suas idéias pessoais, continua a aparecer aos juristas continentais não como um dado inelutável, mas como uma perversão do sistema jurídico totalmente inaceitável. Para evitar que isto ocorra, é suficiente, na opinião deles, predispor as contramedidas adequadas: o problema da incerteza, afirmam, pode ser resolvido na origem. A criatividade judicial é considerada aceitável somente onde se considera que os textos normativos apresentam lacunas.

Na Europa, foram invocadas em particular duas medidas profiláticas a fim de garantir um grau satisfatório de certeza. Alguns pensaram resolver o problema da certeza redigindo os textos normativos de modo rigoroso, utilizando termos técnicos e precisos que não deixam espaço para a ambigüidade. Naturalmente, dado que nenhuma formulação lingüística pode determinar como o juiz interpretará a norma, esta estratégia foi contraproducente: produziu normativas minuciosas e incompreensíveis que terminaram por aumentar a incerteza do Direito. A maior parte dos juristas europeus, para restituir certeza às disposições normativas individualizadas, voltou então a enfatizar a importância da estrutura do Direito.

Segundo a tradição continental, que tem seu representante mais ilustre em Savigny,[40] toda controvérsia deve primeiramente ser discuti-

---

[40] Com efeito, a Jurisprudência dos conceitos foi desenvolvida pelos alunos de Savigny – Puchta, Gerber, Laband, Windscheid – que identificaram a tarefa da ciência do Direito na edificação de uma pirâmide conceitual capaz de representar uma grade para enquadrar logicamente qualquer evento.

da como uma questão geral. O direito é representado como "um edifício conceitual que deveria conectar e, potencialmente, conter num sistema coerente, todos os possíveis casos jurídicos: assim como a de uma premissa pressuposta, nele tudo procede através de deduções conceituais"[41] – até o incremento oculto do Direito. Enfatizando a estrutura que guia a reflexão jurídica da premissa conceitual às conclusões corretas, a impostação continental busca a convencer os juristas que existe uma solução correta que pode ser deduzida dos textos normativos. A idéia do rigor estrutural permite, na realidade, evitar os confrontos com a inevitável incerteza do Direito que está na base das decisões judiciais.

Os *common lawyers* que têm contato com os métodos de formação dos juristas do continente europeu são surpreendidos pela energia por estes dedicada à elaboração de uma estrutura conceitual adequada à discussão de problemas jurídicos singulares. Muitos deles, embora reconheçam a influência que essa impostação teve e continua tendo em todo o mundo, afirmam que isso não teria levado em muitas questões (por exemplo, o dolo no caso do direito penal, ou o enriquecimento sem causa, no do direito civil) a resultados diversos daqueles da pesquisa sobre a precisão terminológica: o raciocínio jurídico superou cada razoável nível de sutileza e sofisticação, terminando por contribuir a gerar incerteza, muito mais que a criar certeza.

As principais correntes teóricas que, nos últimos anos, dominaram o debate americano adotaram, como mencionei, a estratégia de aceitar o desafio da incerteza para tentar neutralizar seus efeitos. Para realizar essa operação, afirmam que se deve buscar estabelecer na interpretação de uma norma qual é sua finalidade, e esta finalidade pode sempre ser encontrada, fora dos confins do Direito, em qualquer política específica. Assim, quando os juristas norte-americanos procuram um alicerce sólido para suas teses, dirigem-se às mais diversas disciplinas afins. Esta postura não é uma peculiaridade dos filósofos do Direito: todos os juristas tendem a justificar normas e decisões judiciais em termos de políticas concretamente perseguidas. É opinião corrente que as características estruturais do Direito não podem prevalecer sobre as exigências sociais que se deseja satisfazer. Como afirma Hyland,[42] "hoje nos Estados Unidos, se uma parte processual confia suas razões tão somente ao argumento textual, trate-se do texto de um contrato ou de uma lei, se não anexa também as motivações de prudência pelas quais sua interpre-

---

[41] F. Viola – G. Zaccaria, *Diritto ed interpretazione. Lineamenti di teoria ermeneutica del diritto*, cit., p. 183.
[42] R. Hyland, "Shall We Dance?", cit., p. 384.

ESTADO DE DIREITO E INTERPRETAÇÃO

tação, se vencedora, configuraria uma normativa melhor, ela está destinada a perder a causa". Isto, remarca o mesmo autor, não compromete a certeza do Direito, uma vez que os juristas experientes concordam em muitos casos, mesmo "difíceis", sobre qual seja a solução, ainda se cada um deles provavelmente explique o resultado de modo diverso.

As duas abordagens mais notórias e discutidas que invocam elementos externos ao Direito para garantir a certeza que os textos normativos estão em condições de oferecer são a análise econômica do Direito, de Richard Posner, e a teoria do Direito como integridade, de Ronald Dworkin.

Os partidários da análise econômica do Direito afirmam que cada decisão requer uma avaliação dos fatos não puramente jurídica. Em sua opinião, deve-se levar em conta o efeito incentivador ou desmotivador que a decisão terá sobre outros sujeitos. Posner, em *Economic Analysis of Law*, afirmou que, analisando as operações dos juízes, descobre-se que o que eles sempre fizeram, ainda que inconscientemente, foi elaborar normas para maximizar a riqueza. Em sua opinião, muitas doutrinas e muitas das instituições que compõem o sistema jurídico "são compreendidas e melhor explicadas como esforço para promover a eficiente alocação das riquezas".[43] Em seu recente *The Problems of Jurisprudence*, o filósofo norte-americano apresenta a maximização da riqueza como a síntese de todos os valores que o juiz pode pretender conseguir:

> (...) não há dúvida que a maior parte dos juízes (e dos advogados) pensa que o fato que orienta as decisões da *common law* deveria ser ou um intuitivo senso de justiça ou de raciocínio ou um utilitarismo do caso singular. Mas, todas essas coisas podem coincidir, e um juiz, colocado sob pressão, deve provavelmente admitir que aquilo que ele chamava de utilitarismo era aquilo que eu estou chamando de maximização de riqueza.[44]

Assim, a subjetividade do juiz é neutralizada, e a imprevisibilidade que ela comporta é eliminada: qualquer que seja a finalidade que o juiz tenta perseguir, se será racional, só poderá convergir na direção da maximização das riquezas disponíveis. O jogo de prestígio se dá supondo que cada juiz com sua sentença tenta produzir uma vantagem econômica a favor de alguém. Para completar a obra é suficiente, como sempre em nome da racionalidade, transformar a tese de descritiva em normativa.

---

[43] R. A. Posner, *Economic Analysis of Law,* Boston, Little Brown, 1973, p. 2021.

[44] Cfr. R. A. Posner, *Tbe Problems of Jurisprudence*, Cambridge (Mass.), Harvard University Press, 1990, p. 390-391.

Em resumo, também no utilitarismo clássico, as fronteiras entre teoria psicológica e filosofia moral foram abatidas sem maiores problemas. Uma vez que os atores racionais tendem a instituir suas estratégias econômicas sobre decisões da Corte, estas devem procurar imitar a lógica do mercado, isto é, devem saber decidir como as partes o teriam feito se tivessem podido recorrer a uma transação comercial para resolver o conflito. Portanto, para afrontar os problemas jurídicos, não se pode deixar de levar em conta o efeito das soluções propostas – no breve e no longo período, seja para os indivíduos, seja para o sistema – com base em pesquisas empíricas sobre custos/benefícios e aplicando o critério da racionalidade meio/fim. O Direito, segundo esta impostação, é governado pela lógica econômica, e é esta que certamente produz as decisões dos juízes: toda Corte tenderá a tomar a decisão que, considerando os efeitos de curto e longo prazos, maximizará a riqueza total ou, em todo o caso, *deverá* tender a esta decisão, uma vez que é ela a única decisão *correta*.

Também a Teoria do Direito como *integridade*, elaborada por Dworkin, parte implicitamente do tema do desafio da incerteza e procura delinear uma solução neutra e "apolítica" (no sentido de não determinada por especificas *policies*). Vai à procura de critérios e de uma metodologia para resolver a controvérsia jurídica sem remeter a decisão à personalidade ou à ideologia de cada juiz. Dworkin, como é notório, parte de uma serrada crítica ao formalismo de Hart e afirma que os ordenamentos jurídicos não podem ser reduzidos a meras estruturas normativas. Uma vez completado este movimento alinhado com a posição realista, Dworkin fecha o leque de elementos relevantes que os juízes podem levar em conta na decisão de controvérsias, afirmando que os elementos que compõem, juntamente com as normas, o ordenamento jurídico são os *principles* e as *policies*. Esses três elementos, norma, princípios e *policies*, são heterogêneos entre eles, mas também complementares. As normas, como na impostação formalista kelseniana, são válidas enquanto postas segundo um procedimento legal e devem sua autoridade somente à deliberação que as coloca. Os princípios são válidos na medida em que correspondem a exigências morais sentidas num dado período, e seu peso relativo pode mudar no curso do tempo. As *policies* "indicam um objetivo a ser alcançado, em geral uma melhoria em algum aspecto – econômico, político ou social – da vida da comunidade".[45] Empurrado pela repulsa à politização do Direito, vista como

---

[45] Veja-se R. Dworkin, *Taking Rights Seriously*, Cambridge (Mass.), Harvard University Press, 1977, tr. it. Bologna, il Mulino, 1982, p. 90.

ESTADO DE DIREITO E INTERPRETAÇÃO

o elemento que comprometeria sua cientificidade que caracteriza toda a tradição jurídica ocidental, Dworkin afirma que as Cortes não devem basear suas decisões nas *policies*. Podem, ou melhor, devem remeter-se exclusivamente a normas e princípios. Estes últimos são fundamentais, porque permitem aos juízes individuar os casos difíceis (*hard cases*), isto é, aqueles casos impossíveis de resolver com base em uma norma sem cometer uma injustiça, e dão indicações de como resolvê-los.[46] Na teoria do Direito como integridade, apresentada por Dworkin em *Law's Empire*, o Direito é concebido como uma complexa atividade de interpretação, todavia não deixada à discricionariedade dos juízes, mas firmemente ancorada em princípios, fruto de um preciso desenvolvimento histórico que garantiria a possibilidade para o "juiz hercúleo", isto é, para o juiz capaz de tomar "a única decisão justa". Ainda outra vez a subjetividade do juiz é cerceada: sua tarefa, à qual deve-se ater rigorosamente, é, como no caso da análise econômica, aquela de procurar a solução "justa". Tanto para Dworkin como para Posner, a "verdade" não é facilmente identificável, mas ela existe e é tarefa do juiz buscá-la. Sua tarefa é uma operação "científica": mudam apenas os parâmetros aos quais deve-se ater.

Portanto, as impostações norte-americanas estão marcadas pela idéia de que cada decisão judicial se propõe um fim específico. Se a decisão se demonstra incapaz de alcançá-lo, deve ser mudada e substituída por uma melhor. A preocupação de exorcizar a subjetividade do juiz leva a subordinar o Direito a outras disciplinas e a privá-lo de sua identidade funcional específica. O Direito é assimilado à Economia ou à Filosofia moral, mas não é considerado como uma atividade dotada de uma "autonomia científica" própria: é qualquer coisa, exceto "Direito".

---

[46] Merece destaque, porque nem sempre percebido claramente, que, para Dworkin os "casos difíceis" não são, como para os juristas europeus, aqueles casos para os quais não se consegue encontrar uma norma, mas aqueles casos para os quais a mera obra recognitiva do jurista, que até pode ser muito banal, leva à individuação de uma norma que produz resultados moralmente indesejáveis: indesejáveis à luz dos princípios.

6. Direito como prática *versus* Direito como decisão

Pretendo defender que a pretensa absoluta incompatibilidade entre o Estado de Direito e as teorias realistas (com seu substrato hermenêutico que assume a centralidade da figura do intérprete) depende, em grande parte, do fato de que a maior parte dos juristas, consciente ou inconscientemente, considera ainda hoje o Direito, como escreveu Carl Schmitt, há mais de noventa anos,[47] *"ou como uma regra, ou como uma decisão, ou como um ordenamento e uma estrutura concreta"*, isto é, como um conjunto de regras e decisões. Se se assume que a possibilidade de conceitualizar o fenômeno jurídico se limita somente a estas três visões do Direito, automaticamente caracteriza-se a impostação realista como uma impostação decisionista. Como uma impostação que, para usar a definição de Schmitt,[48] tende a reunir todas as questões jurídicas somente do ponto de vista de um "caso conflituoso" e a reduzir o papel da ciência do Direito a uma mera coleta de materiais preparatórios da decisão judicial "em torno ao conflito" (e não de guia à decisão do caso). Para esta perspectiva,

> as normas e as regras relacionadas à fundação jurídico-científica da decisão tornam-se [...] simples pontos de vista para pronunciar decisões em torno a conflitos, materiais de prova, de tipo jurídico-científico, isto é, para fundar as decisões judiciais. Portanto, não mais existe uma ciência jurídica sistemática, no sentido próprio; cada tema de ciência do Direito é apenas um potencial fundamento para decisões à espera de um caso de conflito.[49]

---

[47] C. Schmitt, *Über die drei Arten des rechtswissenschaftlichen Denkens*, Hamburg, Hanseatische Verlagsanstalt, 1934, tr. it. parcil "I tre tipi di pensiero giuridico", in Id., *Le categorie del politico*, Bologna, Il Mulino, 1972.

[48] C. Schmitt, *op. cit.*, p. 265.

[49] Ibid.

O próprio jurista alemão chamava a atenção para a especial condescendência com a qual este estilo de pensamento é visto pelos juristas práticos, por sua tendência a colocar a ciência jurídica "diretamente a serviço da práxis jurídica". Utilizando-se de um determinado método de coleta e de instrução dos elementos, factuais ou jurídicos, inerentes ao caso, o jurista é livre de emitir uma decisão adequada ao litígio concreto em questão, decisão que, em todo o caso, encontra o próprio "fundamento" normativo numa lei escrita. O decisionismo é, na representação de Schmitt, substancialmente compartilhado pelos adversários do realismo jurídico e por muitos dos próprios realistas, um estilo de pensamento jurídico orientado "exclusivamente no sentido de casos de embate ou conflito", um estilo de pensamento pelo qual o juiz, quando se acha diante de "um conflito ou de um embate de interesses – isto é, uma desordem concreta –"[50] deve reinstalar a ordem *exclusivamente* por meio de sua decisão. Essa decisão, como escreve Schmitt.

> não pode ser deduzida nem do conteúdo de uma norma precedente, nem de um ordenamento pré-existente, senão ela seria ou uma simples auto-aplicação da norma já vigente – do ponto de vista normativo – ou, do ponto de vista da concreta idéia de ordenamento – expressão de um ordenamento já dado e, portanto, não instauração, mas restauração da ordem. A decisão soberana, portanto, não pode ser explicada, do ponto de vista jurídico, nem com base numa norma, nem, num concreto ordenamento; não pode ser inserida no âmbito de um ordenamento concreto.[51]

Justamente com base nesta possibilidade de afirmação da visão subjetiva do juiz, a ele apresentada provavelmente pelos primeiros realistas, Schmitt justifica seu abandono da impostação decisionista em favor de uma específica concepção institucional (bem diferente do institucionalismo de Hauriou e daquele de Santi Romano) que faz da decisão a projeção não das idiossincrasias do indivíduo que decide, mas da concepção de ordem imanente numa determinada comunidade.[52]

---

[50] C. Schmitt, *op. cit.*, p. 265.

[51] Ibid., p. 263-4.

[52] O ponto de referência de Schmitt (Op. cit., p. 261-2) são as concepções antigas e cristãs, nas quais "a ordem do mundo" era o pressuposto da decisão, nelas "a idéia que nada existisse antes da decidão era já antes limitada e relativizada pela idéia de ordem; a própria decisão tornava-se expressão de uma ordem pressuposta". Mas a doutrina que propõe é secularizada, a ordem que se deve tomar como ponto de referência não é aquela divina, mas sim a ordem daqueles "setores da vida que se foram formando [...] de forma institucional": tais âmbitos da vida, afirma, "têm uma sua substância jurídica que por certo conhece também normas e regularidades gerais, mas só como expressão dessa substância, só com base em sua concreta ordem interna que não é a soma daquelas regras e daquelas funções" (Schmitt, op. cit, p. 257-8).

Mas o que aqui nos interessa não é a concepção schmittiana do Direito, e sim sua observação de que o normativismo deve seu grande prestígio ao fato de se apresentar como *"impessoal e objetivo*, enquanto que a decisão é sempre *pessoal* e os ordenamentos concretos são *suprapessoais"*. No momento em que emerge o desafio da incerteza, um dos maiores juristas do século XX equipara a contraposição entre normativismo e realismo àquela entre "a justiça impessoal e objetiva" e "o arbítrio pessoal de quem decide". Também aquele que foi o teórico do decisionismo, frente ao desafio da incerteza, proclama a superioridade da pretensão normativista que seja "a *lei* a governar e não os *homens* [...]: só a lei e não a necessidade contingente, mutável segundo esta ou aquela situação ou mesmo o arbítrio dos homens, pode 'governar' e 'dirigir'".[53] A crítica que Schmitt faz ao normativismo não é de ter restabelecido, contra o subjetivismo do intérprete, "a máxima de Píndaro sobre o *nomos basileus*, sobre 'nomos re'" por ele definida como "uma das mais belas e mais antigas expressões do pensamento jurídico", mas sim de ter interpretado esta máxima de forma "normativista": ou seja, de ter feito "do Estado de Direito um Estado da lei".[54]

Creio que o enfoque hermenêutico permita desmitificar o risco enfatizado pelos juristas do século XX, de Schmitt a Hart, e de aprimorar uma concepção realista do Estado de Direito. É importante observar que essa operação pressupõe a elaboração de uma nova concepção do Direito (a quarta, com relação ao esquema schmittiano). Como destacou Fish,[55] o Direito não deve ser entendido nem como decisão, nem como norma, nem como ordenamento, mas sim como "prática" social. Segundo a abordagem hermenêutica, nenhuma norma positiva é de per si "capaz de fornecer diretivas para a ação". Somente a interpretação permite aos textos normativos preservar a própria razão de ser, de ser Direito.[56] A capacidade do Direito de guiar as ações humanas é confiada não a soluções monológicas e absolutistas, mas a uma subjetividade-objetividade do compreender, garantida e controlada internamente por um contexto comunitário no qual o Direito é elaborado e vivido. Central é o papel da "comunidade interpretativa", ou da "comunidade da interpretação jurídica", para usar a denominação de Viola e Zaccaria,[57] de uma

---

[53] C. Schmitt, *op. cit.*, p. 252.

[54] C. Schmitt, *op. cit.*, p. 253-3.

[55] Veja-se também F. Viola, *Il diritto come pratica sociale*, Milano, Jaca Book, 1990.

[56] F. Viola – G. Zaccaria, *Diritto ed interpretazione. Lineamenti di teoria ermeneutica del diritto*, cit., p. 175.

[57] F. Viola – G. Zaccaria, *Diritto ed interpretazione. Lineamenti di teoria ermeneutica del diritto*, cit., p. 192. Para uma discussão das teses de Viola e Zaccaria, veja-se P. Cappellini, "L'interpretazione inesauribile ovvero della normale creatività dell' interprete", *Ars Interpretandi*, 6, 2001.

comunidade, isto é, cuja relativamente complexa práxis jurídica discursiva confere sentido ao Direito.

Tal concepção do Direito comporta necessariamente uma "repersonalização" da práxis jurídica e de seus resultados contra o aniquilamento antropológico defendido pelo paradigma rousseauniano-montesquieuniano. Como escrevem Viola e Zaccaria:[58]

> no discurso público, os argumentos razoáveis para aplicar e justificar uma norma têm possibilidade de ser aceitos somente por *partners* razoáveis. Neste sentido, tudo aquilo que é elaborado, defendido e aprovado pela comunidade dos juristas, sem dúvida, traz no pensamento os éndoxa aristotélicos (Perelman): trata-se, enfim, de opiniões notáveis, expressas por muitos, ou pelo menos por aqueles que num determinado âmbito são autoridades. Mas exatamente aqui se descobre também seu limite: para evitar que não se tome tais endoxa como instrumento de arbítrio, nas mãos daqueles que naquele âmbito específico, exatamente por serem autoridades, terminem por resultar os mais fortes, eles devem ser vistos como elementos tópicos que devem promover a reflexão e a argumentação.[...] A racionalidade não é mais apanágio de um único sujeito individual – o legislador, o juiz – mas configura um trabalho articulado que necessita a colaboração de uma pluralidade de sujeitos e que, por isso mesmo, para obter o reconhecimento de suas boas razões, não pode mais se referir a uma única, exclusiva razão capaz de dar conta de tudo.

Se se aceita o enfoque hermenêutico, deve-se reconhecer que, em certo sentido, Hart está certo: o juiz (e qualquer um que seja convocado para interpretar a lei) tem, como afirmaram os realistas americanos, um poder normativo. Quando desenvolve a própria função, o juiz não está vinculado pelas palavras do texto normativo. E age sob a influência das próprias preferências pessoais: em última instância, o argumento decisivo é a força de persuasão, qualquer que seja sua fonte, que o intérprete exerce. O critério definitivo é, como afirmam os realistas políticos, a "força" dos atores em jogo. Ao mesmo tempo, porém, o enfoque hermenêutico mostra-nos que este mundo – o mundo no qual interpretações e deliberações se apóiam, em última instância, na "força" – não é tão terrível como o pinta Hart.

A práxis da comunidade interpretativa conecta seus membros a uma específica tradição jurídico-institucional: "a comunidade interpre-

---

[58] *Ivi*, p. 193-4.

tativa dita as regras constitutivas, ou seja, a gramática fundamental que sustenta e define a práxis do julgar".[59] É esta "gramática" que delimita o âmbito do conflito de interpretação, define linhas interpretativas dotadas de uma certa persistência e indica os possíveis percursos evolutivos da práxis jurídica. Essa é composta por critérios de natureza diversa, elaborados pela cultura jurídica presente num determinado país, num específico momento histórico que, particularmente nas modernas sociedades de mercado, reafirmam a exigência geral de previsibilidade do Direito, limitando a criatividade do intérprete. Poder-se-ia também falar de "racionalidade" jurídica, tendo porém o cuidado de distingui-la claramente da "lógica" jurídica; trata-se de uma racionalidade justificativa e argumentativa que, de qualquer forma, constitui um limite ao âmbito de ação do juiz, uma vez que lhe indica percursos que tornam sua decisão "legítima" seja aos olhos dos detentores do poder político (e, portanto, garantem sua independência), seja aos olhos dos cidadãos, mais propensos a aceitar uma decisão "racionalmente justificável".

Colocar em discussão o enfoque formalista significa refutar tanto a idéia de que as palavras tenham um significado auto-evidente, quanto qualquer tese conexa a esta teoria, em primeiro lugar as teses relativas ao modelo de atores sociais e à descrição do processo de decisão. O ator jurídico postulado pela impostação normativista é aquele que, entre os séculos XIX e XX, foi esboçado pela teoria da emoção: um sujeito representado como um conjunto de desejos que devem ser freados por algo independente, como a racionalidade ou a lei, a fim de que suas ações possam ser socialmente compatíveis, e não puramente egoístas. Este modelo antropológico tem uma longa história. Antes, afirmei que sua história coincide com aquela da modernidade e foi o cerne em torno ao qual girou todo o debate sobre a ordem liberal.[60] Aquela operada pela teoria emocionista é apenas a última conceitualização de um modelo antropológico que, a partir de Hobbes e (contraditoriamente) Locke, e

---

[59] F. Viola – G. Zaccaria, *Diritto ed interpretazione. Lineamenti di teoria ermeneutica del diritto*, cit., p. 192.

[60] E. Santoro, *Autonomia individuale, libertà e diritti. Una critica dell'antropologia liberale*, cit. Alisdair MacIntyre, in *After Virtue. A Study in Moral Theory* (Indiana, University of Notre Dame Press, 1984, tr. it. Milano, Feltrinelli, p. 27), afirma que foi Hume o primeiro a inserir elementos emotivos na vasta e complexa construção de sua moderna doutrina moral, mas que somente em nosso século o emocionismo desenvolveu-se como teoria independente. Se é verdade que Hume é certamente o precursor da doutrina emocionista, é também verdadeiro que as raízes dessa doutrina coincidem com aquelas do voluntarismo e, portanto, em minha leitura, com aquela da modernidade antropológica: as teses de Hobbes (mas também de Locke) sobre o que é "bom" são testemunhas evidentes disso. Sobre a Antropologia emotivista, ver M. Warnock, *Ethics since 1900*, Oxford, Oxford University Press, 1979.

ESTADO DE DIREITO E INTERPRETAÇÃO

passando através de Hume, foi o assunto tácito de toda a teoria político-jurídica liberal. Trata-se da "imagem filosófica de um homem estático que existe como adulto, sem nunca ter sido um menino",[61] que, crescendo, não se transforma, e que não está sujeito a qualquer processo de socialização, de interiorização das normas e das modalidades comportamentais próprias da comunidade em que vive. Dado este modelo antropológico, normas, leis e princípios são vínculos necessários para manter sob controle os impulsos naturais (desejos, preconceitos) dos indivíduos. As pessoas responsáveis (racionais)[62] são aquelas que aceitam estes vínculos e os utilizam como critérios para decidir como se comportar. As pessoas irresponsáveis (irracionais) são aquelas que os rejeitam e fazem prevalecer suas preferências pessoais.

O emotivismo apropria-se deste modelo antropológico e o transmite às várias teorias neopositivistas que fazem dele o complemento natural da idéia que o significado das asserções pode ser reconduzido ao significado das palavras que o compõem. Para a doutrina emotivista, "todos os juízos de valor e mais especificamente todos os juízos morais são apenas expressões de uma preferência, expressão de uma atitude ou de um sentimento, e exatamente nisso consiste seu caráter de juízos morais ou de valor". Esta doutrina combina-se perfeitamente com aquela neopositivista,[63] segundo a qual "os juízos empíricos são verdadeiros ou falsos; e no reino dos fatos existem critérios racionais, mediante os quais podemos garantir o acordo a respeito do que é verdadeiro ou falso. Mas os juízos morais, sendo expressão de atitudes ou sentimentos, não são verdadeiros nem falsos; e o acordo sobre juízo moral não pode ser garantido por nenhum método racional, uma vez que não existe tal método".[64] A idéia de que o sujeito, ao aprender uma linguagem, não aprende uma "forma de vida", para usar a terminologia do segundo Wittgenstein, é o pressuposto lógico da tentativa de elaborar uma linguagem inteiramente formalizada.

[61] N. Elias, *Die Gesellschaft der Individuen*, Frankfurt, Suhrkamp, 1987; tr. it. Bologna, il Mulino, 1990, p. 229.

[62] Para toda a teoria clássica do contrato social, centrada na equivalência entre lei racional e lei da natureza, e também para a teoria contemporânea, racionalidade (para o último Rawls, razoabilidade) e moralidade são substancialmente coincidentes.

[63] Emblemática é a tese de Carnap que caracteriza os enunciados morais como expressão de sentimentos ou atitudes na "tentativa desesperada de encontrar para eles um status qualquer que seja, depois que suas teorias do significado e da ciência os expulsara da esfera factual e daquela descritiva". (A. MacIntyre, op. cit., p. 32). É impossível deixar de citar o célebre fim do *Tractatus* de Ludwig Wittgenstein que, por aderir à teoria emotivista, exclui os sentimentos dos próprios argumentos em torno aos quais se pode falar de maneira sensata.

[64] A. MacIntyre, *op. cit.*, p. 24.

Essa combinação entre modelo emotivista do sujeito e teoria neo-positivista do significado, aprimorada no início do século XX, condicionou profundamente o debate jurídico do século. Nesse quadro, alinhado com a tradição iluminista do juiz "boca da lei", não foi difícil propor um modelo de jurista que, para realizar corretamente o próprio trabalho, deve deixar de lado os próprios sentimentos e tomar as próprias decisões, aceitando as normas como "freios" de sua vontade. O cerceamento do poder do Estado pressupõe limitar também a vontade individual e coincide com este. O herói da concepção rousseauniana-montesquieuniana é o juiz que tem frente a si um sujeito cujas ações ele despreza, mas a quem nem por isso deixa de dar razão, porque o Direito, que examinou com a máxima atenção, pede-lhe que o faça. O herói é o juiz que aceita os vínculos abstratos e neutros que o Direito impõe sobre suas preferências pessoais. Portanto, trata-se da oposição entre preferências pessoais e normas jurídicas, sendo que cada vez que se apresenta, ela nada mais é que uma manifestação da grande contraposição entre uma sociedade civil e uma sociedade anárquica fundada sobre o arbítrio individual.

Como destaca Fish,[65] as dificuldades que assustam Hart e os demais partidários do modelo rousseauniano-montesquieuniano desaparecem, se o Direito for compreendido como um empreendimento hermenêutico, se se assume como central a noção de "prática" jurídica. O desafio da incerteza se apresenta em termos totalmente diferentes se se concebe a obra interpretativa do jurista como uma operação realizada no contexto de uma "prática". As operações que fazem parte de uma "prática" (e todas as ações fazem parte de alguma prática) são realizadas automaticamente, no sentido que não têm como fundamento nenhuma reflexão explícita sobre formações histórico-sociais que formam seu contexto. Dada uma formação histórico-social, os projetos e as decisões subjetivas não dependem de uma específica reflexão sobre alguma teoria compreensiva geral e abstrata, mas são realizados com absoluta naturalidade.

O enfoque hermenêutico mina os fundamentos da impostação normativista. A pergunta decisiva, o grãozinho de areia que desestabiliza esta representação, é a seguinte: o que é uma "preferência pessoal"? De onde se origina? Para que a oposição entre civilização e arbítrio faça sentido, a resposta deve ser, como foi defendido desde Hobbes a Locke, a Hume, aos emotivistas, que as preferências pessoais não provêm de

---

[65] S. Fish, *Doing What Comes Naturally*, cit., p. IX.

nenhum lugar: são idiossincrasias do sujeito, sobre as quais as normas jurídicas e sociais não exercem qualquer influência. Se assim não fosse, a oposição entre a figura do juiz arbitrário e aquela do juiz "boca da lei" (ou "boca da Constituição") não seria tão nítida, e os confins entre as duas alternativas seriam muito difíceis de traçar. Mas, não se pode acreditar que as preferências pessoais se formem de modo independente do contexto de um sistema de pensamento e de tradições que permita que sejam pensadas e, portanto, possíveis, enquanto preferências.

O herói da impostação normativista é o juiz Parker, elevado por Kenny Hegland[66] à bandeira da luta contra "as posições desconstrutivistas, segundo as quais a doutrina jurídica não vincula as decisões dos juízes", porque absolve o acusado que não manteve a promessa de ajuda feita a um sujeito com o filho à beira da morte, porque a promessa não era legalmente vinculante, antepondo, assim, o Direito a seus valores morais. Como sublinha Fish,[67] a aversão do juiz Parker em relação ao acusado dificilmente é concebível como algo que apareceu *ex abrupto* em sua cabeça. Trata-se muito mais do fruto de um sistema de obrigações que o juiz Parker internalizou, assim como o fez com a doutrina jurídica que ora acredita que deve aplicar. O conflito não se dá entre uma obrigação e uma preferência individual, mas entre duas obrigações, uma das quais vence, porque é percebida, naquela específica circunstância, como o eixo da atividade profissional que o juiz está desenvolvendo. É difícil imaginar que possa existir algo que seja uma preferência pessoal e não tenha por trás um sistema de crenças normativas que a gera.

Hegland comete o mesmo erro de Jean Paul Sartre, quando discute, em *O existencialismo é um Humanismo,* o célebre exemplo do jovem que deve escolher entre assistir à mãe doente ou se unir à resistência contra os nazistas. O filósofo francês afirma que não existe nenhum critério que permita ao jovem escolher entre essas duas fidelidades e que ele, através da própria escolha "radical", isto é, através de uma escolha realizada sem seguir qualquer critério intersubjetivo, ouvindo somente a própria interioridade, cria os próprios valores.[68] Na realidade, na situação imaginada por Sartre, como no caso do juiz Parker, a ausên-

---

[66] Kenny Hegland. "Goodbye to Deconstruction", *University of Southern California Law Review*, 58 (1985), p. 213.

[67] Fish, *Doing What Comes Naturally*, cit., p. 11.

[68] Para a discussão da Antropologia emocionista de Sartre como um caso típico dessa teoria, veja-se M. Warnock, *Ethics since 1900*, cit., 104-127. Para uma discussão do exemplo de Sartre, permito-me remeter a E. Santoro, *Autonomia individuale, libertà e diritti. Una critica dell'antropologia liberale*, cit., p. 54.

cia de critérios que podem guiar o jovem na escolha não se deve à ausência de valores preconcebidos, mas a sua presença. Se verdadeiramente, em tais situações, o indivíduo construísse seus "próprios princípios morais", não haveria acordo sobre o fato de que ele deve enfrentar um "dilema", que não existem critérios para fazer a escolha: cada um acreditaria ter um critério próprio, correto. Bastaria imaginar no que pensaríamos se a escolha que o jovem de Sartre ou o juiz Parker deveriam fazer se relacionasse a uma alternativa não entre dois "valores", mas entre um "valor" e uma conduta "moralmente neutra" ou mesmo "imoral". Se Sartre tivesse apresentado o jovem como indeciso entre cuidar a mãe doente ou "dar uma volta" nos bordéis da Tailândia, e o juiz Parker tivesse tido que julgar sobre alguém que não tivesse cumprido a promessa de ajudar outra pessoa a realizar essa "volta", seria inconcebível uma apresentação dos dois, o jovem e o juiz, como empenhados numa "escolha radical", ou seja, como empenhados na escolha entre uma obrigação, moral ou jurídica, e um "valor" criado autonomamente. Não existiria nenhum "dilema", uma vez que não passaria pela cabeça de ninguém afirmar que o jovem não fosse levado moralmente a assistir à mãe, e que o juiz fosse juridicamente vinculado a impor ao demandado a realização do ato prometido. O problema não seria "qual escolha fazer numa situação similar?", mas, como destaca Charles Taylor,[69] "fazer ou não aquilo que deve ser feito". As regras morais, como observa Gerald Dworkin,[70] e a mesma consideração vale para as regras jurídicas num contexto diverso (isto é, numa diversa comunidade interpretativa), "fundam-se na mútua convergência dos modelos de comportamento. [...] Fornecem aqueles *standards* comuns usados para as críticas recíprocas e para os pedidos de obediência. Tudo isso exclui a criação individual".

Afirmar, segundo a perspectiva do juiz Parker, que a promessa do ator não é juridicamente irrelevante significa adotar uma visão da vida social que, certamente, não é neutra e impessoal. Segundo essa visão, as partes de um contrato são mutuamente desconfiadas e mercadejam para obter, cada uma, as maiores vantagens possíveis. O altruísmo e a confiança recíproca não são pressupostos que devam guiar o intérprete do contrato. Para alguns teóricos, estes "princípios" não são verdadeiros

---

[69] TAYLOR, Charles. "Responsibility for Self", in A.O. Rorty, *The Identities of the Persons*, Berkeley, University of California Press, 1976, p. 281-99, agora em G. Watson (ed.), *Free Will*, Oxford, Oxford University Press, 1982, 121.

[70] DWORKIN, Gerald. *The Theory and Practice of Autonomy*, Cambridge, Cambridge University Press, 1989, p. 37.

ESTADO DE DIREITO E INTERPRETAÇÃO

e próprios "princípios"; para outros, são indispensáveis para o correto funcionamento do mercado. Aquilo que para alguém é um "princípio moral", para outros é uma ilegítima preferência pessoal. Qualquer classificação que trace uma linha de demarcação entre princípios e preferências é ela mesma expressão de interesses e visões pessoais. Para uma vertente, todas as preferências são expressão de princípios, enquanto carregadas de origens, e compreensíveis como articulações de alguma visão do mundo. E todos os princípios são preferências, enquanto elementos de uma visão do mundo opinável. Nenhum deles deriva de uma filosofia universal.[71] Se num determinado período histórico prevalece uma determinada caracterização teórica, isso ocorre porque alguma afirmação de princípio nada desinteressada se impôs com força sobre outra. Nesse sentido, a "força" é o fator determinante na disputa. Mas essa afirmação não aparece como cínica, quando a "força" não se exprime através da violência bruta. A "força" usada pelo jurista não é a violência, como parece afirmar Hart, ao colocá-la no mesmo plano que a pistola nas mãos do ladrão. Tal equiparação só tem sentido à luz de uma concepção que, como aquela emotivista, considera "não racional" e, portanto incontrolável, cada efeito produzido pela influência de alguém nas emoções ou nos comportamentos de outro. A "força" que serve para vencer as disputas argumentativas, freqüentemente, é o conjunto de sugestões e motivações de um dado ponto de vista, de alguma visão do mundo repleta de fins, objetivos, razões, em resumo, de todos aqueles atributos aos quais a força geralmente é contraposta.[72]

Uma vez que a contraposição entre princípios e força foi desconstruída, uma série de problemas muda de aspecto; em primeiro lugar, o problema dos vínculos que o juiz encontra em sua atividade. Esses, segundo a impostação formalista, deveriam impedir um indivíduo, entendido como um confuso conjunto de desejos, de se comportar a seu modo, isto é, sem qualquer princípio. Porém, se desejos e preferências não podem tomar forma independentemente de alguma filosofia normativa, a identidade do indivíduo, enquanto feita por desejos, é por definição composta por princípios e, portanto, por vínculos que delimitam sua ação: não é preciso nenhum outro vínculo para dirigir a ação, além daqueles que já foram interiorizados. Como destaca Fish, isso é provavelmente a conseqüência mais surpreendente que deriva da recusa da

---

[71] Discuti a distinção entre "preferência"e "valores" e a idéia de uma ordem hierárquica de preferências em "Per una concezione non individualistica dell'autonomia individuale", *Rassegna Italiana di Sociologia* n. 3, 1991.
[72] Veja-se Fish, *Doing What Comes Naturally*, cit., p. 12.

idéia que existam vínculos independentes (e, portanto, que exista um significado literal das palavras): esse deslocamento, longe de configurar um mundo sem freios, coloca-nos num mundo onde os freios, sob a forma de imperativos e proibições que acompanham cada ponto de vista (e assumir um ponto de vista não é algo que possa ser evitado), sempre estão presentes. Quando o juiz Parker pronuncia seu veredicto, ele não está de nenhuma maneira "livre" para perceber os fatos como melhor lhe pareça: desde o momento em que dá "uma olhada" ao caso, é influenciado (vinculado) pelo modo de pensar derivado de sua iniciação na comunidade dos juristas e que agora assume inconscientemente. Olha o caso através de óculos juridicamente coloridos, óculos sem os quais não pode ver nada sem colocar outro par que lhe forneça uma outra visão, não menos convencional e não menos involuntária. Não há nenhum modo de ver "pessoal": todos são influenciados pela prática ou pelo conjunto de práticas, ou seja, por princípios definidores (objetivos, fins e proibições) que nelas se ramificam. Portanto, não há qualquer necessidade em abstrato que um juiz seja tolhido por vínculos a ele externos: alguns deles são partes constitutivas de sua personalidade, particularmente, aqueles que fazem dele um juiz.

O jurista produz o próprio discurso enquanto sujeito pertencente a uma específica comunidade profissional, exatamente aquela dos juristas, como sujeito cujo papel é definido por um denso retículo de ações, interações e reconhecimentos. Seu discurso espelha os conflitos, as solidariedades, as relações de poder, os esquemas comportamentais, os valores, as normas socialmente compartilhadas, típicas de seu ambiente. Para usar as palavras de Costa,[73] é *"no denso e viscoso amálgama da interação social que o discurso jurídico toma forma, é lido, usado, produz seus efeitos"*.

Entre os jusrealistas, é principalmente Alf Ross que abre a porta, ainda que timidamente, a uma concepção não decisionista do Direito.[74]

---

[73] P. Costa, "Discorso giuridico e immaginazione. Ipotesi per una antropologia del giurista", cit., p. 32.

[74] ROSS, Alf. *On Law and Justice*, London, Steven & Steven, 1958, tr. it. Torino, Einaudi, 1990. Também Karl Olivercona na última edição de *Law as Fact* (tr. it. *La struttura dell'ordinamento giuridico*, Milano, Etas, 1972) parece ir nesta direção, em particular com a equiparação entre a noção de "direito subjetivo", seu conteúdo normativo, e o valor da moeda parece abrir a perspectiva de uma concepção do Direito como prática. Mas, fundamentais são também as indicações de J. Austin, *How to do Things with Words*, (Cambridge, Mass., Harvard University Press, 1962, tr. it. Genova, Marietti, 1996) contidos nesta edição do trabalho de Olivecrona e naturalmente ausentes na primeira, de 1939.

O jurista dinamarquês introduz, de fato, as noções de "consciência jurídica formal" e de "ideologia normativa"[75] para indicar os cânones típicos da cultura jurídica de um determinado país e que são interiorizados pelos operadores do Direito daquele país, e que, portanto, guiam seu agir, influenciando o processo decisório das Cortes, criando, em poucas palavras, um "estilo de pensamento" capaz de fazer aparecer as decisões judiciais como expressão do Direito, e não da vontade de um juiz singular. Portanto, pode-se considerar a noção de "consciência" de Ross como um equivalente do "ser imerso numa prática" de Fish. Porém, deve-se destacar que Ross não rompe com a tradição neopositivista: ao lado da "consciência jurídica formal", ele coloca a "consciência jurídica material" ou "moral", apresentada como o simulacro da subjetividade "emotivista" do ator que continua relevante quando age como operador jurídico. A operação com a qual Ross tenta salvar a impostação neopositivista, liberalizando-a, é dupla. A práxis não é relevante enquanto "prática" (Fish), enquanto *Denkkollektiv* (Fleck), "jogo lingüístico" (Wittgenstein),[76] mas enquanto elemento constitutivo da vontade do sujeito. Toda "prática", não só aquela jurídica, na qual um indivíduo se acha envolvido, é considerada como elemento condicionante de suas volições. Ross, porém, defende que, para entender a atuação do juiz, é possível limitar a análise a apenas dois contextos da prática: de um lado, a prática dos operadores do Direito, que ele chama

---

[75] A ideologia normativa, segundo Ross (op. cit., p. 72) "constitui o fundamento do sistema jurídico e consiste em diretrizes que não concernem diretamente ao modo de resolver uma controvérsia jurídica, mas indicam o modo segundo o qual o juiz deverá proceder para descobrir a diretriz ou diretrizes relevantes para a controvérsia em questão".

[76] A idéia de comunicação dotada de sentido garantida apenas por um espaço intersubjetivo comum, de qualquer forma que se queira definir, é a noção de ruptura com a concepção formalista que permite teorizar o Direito como prática. Mais em geral, esta noção permite teorizar um quarto estágio da noção de "normatividade". Seu primeiro estágio é aquele "no qual a teoria e a práxis axiológica, particularmente aquelas morais, contêm autênticos modelos objetivos e impessoais que fornecem uma justificação racional a estratégias, ações e juízos particulares e são, por sua vez, justificáveis racionalmente". (A. MacIntyre, op. cit., p. 32). Este estágio que encontra no tomismo sua última expressão, perde importância com a irrupção da subjetividade voluntarista ou emotivista. O segundo estágio, para o qual se pode assumir como emblema o contratualismo liberal, caracteriza-se pelos vãos esforços de neutralizar esta subjetividade e manter a objetividade e impessoalidade dos juízos morais; caracteriza-se, ainda, por contínuas fal6encias da tentatica de fornecer justificações racionais mediante modelos e através desses próprios modelos. O terceiro, é aquele que se desenvolve no início do século XX, com a afirmação das teorias emotivistas, do normativismo juspositivista e do neopositivismo; caracteriza-se pela tomada de consciência, freqüentemente implícita, que as pretensões de objetividade e impessoalidade não são mais defensíveis "racionalmente", tomada de consciência que deixa a normatividade sem outros fundamentos, além de técnicas persuasivas irracionais mais ou menos disfarçadas. A idéia que os parâmetros da objetividade e da racionalidade são, com efeito, locais e intersubjetivos permite recuperar a possibilidade de desenvolver discursos argumentativos, mas não "racionais", no sentido objetivo, em torno à normatividade.

de "consciência jurídica formal", e, de outro, todas as práticas nas quais o magistrado está imerso, ou melhor, os elementos de todas essas práticas que venham a interferir com sua obra de juiz, que ele chama de "consciência jurídica ou moral". A segunda operação, que utiliza a metáfora da composição das forças divergentes na determinação do movimento para representar a interação entre duas consciências, consiste em configurar cada decisão do juiz como determinada por sua vontade, por suas intenções, assim como a concepção emotivista quer. A "prática" – o jogo lingüístico – permanece como contexto, não toma o papel de fator principal. A "prática" jurídica – o jogo lingüístico dos juristas – é apenas um elemento fundamental que serve para reconstruir a intenção do sujeito: quando ele deve agir como operador do Direito, assume a prática jurídica como um dos dois fatores que determinam suas intenções; o segundo fator é representado pelo acervo de todas as demais "práticas", de todos os demais jogos lingüísticos nos quais o sujeito acha-se envolto. Este esquematismo permite a Ross salvar a idéia emotivista de um sujeito dominado por suas crenças e desejos, representados como elementos "subjetivos", mas, ao mesmo tempo, permite-lhe libertar-se da idéia normativista de textos que impõem ao juiz seu significado objetivo. O Direito permanece um elemento externo à personalidade do jurista, mas não é mais identificado com o texto normativo: é filtrado pela "consciência jurídica formal", ou seja, pela "ideologia normativa" de uma determinada comunidade de juristas, cuja interiorização permite apresentar as decisões das Cortes como jurídicas, e, portanto, previsíveis num determinado contexto, e não como arbitrárias idiossincrasias.

Merece ser destacado que as respostas ao desafio da incerteza, dadas pelos juristas norte-americanos, constituem um retrocesso com relação às conclusões às quais Ross havia chegado. Mesmo se aceitam a idéia de que as decisões das Cortes são o produto de uma determinada cultura jurídica, os teóricos norte-americanos parecem partir da convicção de que nem todos os vínculos e nem todos os princípios são iguais e igualmente dotados de força. O juiz se acha "tolhido", enquanto parte da comunidade dos juristas, pelos débeis vínculos da prática, vínculos que derivam de modos de pensar e de agir, historicamente limitados no tempo. Dworkin, Posner e seus seguidores, alinhados com uma secular tradição liberal, parecem pensar que o comportamento "responsável" (racional, moral) geralmente é aquele que ultrapassa os horizontes locais e contingentes e, em princípio, inspira-se em princípios mais gerais (a lógica, a ética, a razão), princípios que acrescentariam um vínculo de mais alto nível àquele já contido na práxis. A racionalidade econômica no longo período – ou a "moralidade" – da decisão pertence aos "princípios" e, portanto, é diferente dos cânones da práxis jurídica que guiam as Cortes.

Estas teses não levam em conta o fato de que, qualquer que seja o princípio ao qual recorram os atores jurídicos, ele só é um "princípio" enquanto legitimado precedentemente, e não porque pertença de per si a um nível superior àquele que a prática jurídica reconhecia precedentemente. Não existem princípios ou vínculos de grau superior, mas somente princípios e vínculos "diversos", presentes em diferentes práticas daquela na qual o ator está imerso. É impossível conceber um vínculo (uma norma de Direito, um princípio) sem assumir um contexto de prática em relação ao qual ele é compreensível. Sempre que se invoca um vínculo externo ou independente, o que na realidade se invoca é um diferente projeto já articulado em princípios, critérios de evidência, regras e assim por diante. Que a operação tenha ou não êxito, é uma questão política, condicionada por complexas contingências históricas. Posner e Dworkin exercem, por assim dizer, sua "vontade de potência": procuram convencer-nos a assumir como parâmetros jurídicos os princípios que eles recomendam.

7. A comunidade dos intérpretes

Fish utiliza a noção de "prática" para destacar que o jurista não constrói o Direito, ou, mais radicalmente, o texto normativo que utiliza, movendo-se numa terra de ninguém, escolhendo livremente os textos que o guiarão e os procedimentos de leitura que serão a base para justificar suas interpretações. Considerar a atividade interpretativa do jurista como "prática" permite "ver", como escreve Costa,[77] que "o jurista decide, num único movimento sobre o texto, seus confins, suas características, seu uso: o jurista constrói o texto como 'próprio' texto, como texto *per si*, no momento em que o 'conhece' e, vice-versa, conhece o texto enquanto o identificou, fixou-o em seu papel de texto (em nosso caso: de texto com autoridade, prescritivo, jurídico, etc.), constituiu-o em sua aparente objetividade". O saber jurídico, uma vez liberto dos liames que o reduzem a um empreendimento meramente de reconhecimento, configura-se como um discurso que inclui em si procedimentos de identificação dos textos "normativos" e das "regras" relativas aos critérios de leitura desses textos. O jurista constrói o texto prescritivo e é, ao mesmo tempo, para assim dizer, "construído" pelo texto jurídico e pelo modo de lê-lo: este é um ponto central da posição de Fish, ainda se não expresso com suficiente clareza analítica. Fish não distingue os dois planos – aquele sociológico e aquele propriamente epistemológico – que delimitam o âmbito da ação do jurista, de modo que suas teses aparecem como banais ("o jurista é produto de seu ambiente") ou excessivas ("o jurista não passa de uma marionete da cultura jurídica de um determinado ambiente") e se prestam a serem vistas com terror pelos defensores do Estado de Direito.

No plano sociológico, é difícil deixar de reconhecer que os procedimentos de construção e de leitura são grandemente predeterminados

---

[77] P. Costa, "Discorso giuridico e immaginazione. Ipotesi per una antropologia del giurista", cit., p. 18-9.

pela situação em que cada jurista efetivamente opera, pelo seu ser "jurista" num dado momento e num determinado ambiente. Ser juiz significa exatamente ter aprendido uma determinada linguagem, um determinado conjunto de técnicas interpretativas, específicas, modalidade de se colocar frente aos eventos, de "lê-los', e, ao mesmo tempo, ter aprendido quais são os instrumentos basilares, os textos (expressão que deve ser tomada no sentido amplo) que são as fontes do Direito, aos quais recorrer para resolver os problemas que lhe são apresentados enquanto jurista. O juiz constrói o próprio texto como texto jurídico, atribuindo-lhe um significado, interpreta-o e, portanto, reescreve-o a partir do próprio *habitus* de jurista, e em função dele. Ser jurista significa ter aprendido que, quando se olha a realidade como operadores do Direito, deve-se colocar um determinado tipo de óculos e fazê-lo automaticamente cada vez que se é convocado para ser "jurista".

O jurista, portanto, é desatador de um mecanismo de duplo reconhecimento. Como sublinha Costa,[78] "no momento em que um sujeito ou um grupo de sujeitos, constrói uma série de textos como ponto de referência da própria atividade cognoscitiva, aquele sujeito ou aquele grupo de sujeitos constituem a si próprios como grupo socialmente apto a conhecer 'com autoridade' aquele âmbito de experiência ao qual os textos se referem". Este grupo profissional, a "comunidade dos intérpretes", tem uma importância fundamental, porque, como destaca Fish, o discurso jurídico define-se em seu método, em seu estilo, em seu objeto, em resumo, em seu paradigma, graças aos padrões de reconhecimento e de aceitação constantemente elaborados. O discurso é, ao mesmo tempo, expressão e instrumento de legitimação da comunidade de intérpretes. Certamente a conotação profissional dos intérpretes, o fato de serem reconhecidos como tal, é fundamental, porque dá início a um complicado entrelaçamento de significados, através de um jogo interativo circular: o reconhecimento de alguns sujeitos como juristas significa que os textos aos quais eles se remetem sejam reconhecidos como textos normativos, como "fontes do Direito", pela sociedade. Fechando o círculo, a individuação destes textos significa também que aqueles que se remetem a eles sejam reconhecidos pela sociedade como "juristas".

Se se pretende escapar do risco de uma representação estática da cultura jurídica, é fundamental elaborar uma teoria capaz de dar conta

---

[78] P. Costa, "Discorso giuridico e immaginazione. Ipotesi per una antropologia del giurista", cit., p. 19.

do mecanismo circular dos reconhecimentos. A tese que proponho é que o motor deste mecanismo é o fato que a comunidade dos intérpretes elabora aquilo que, segundo Saul Kripke,[79] definirei como "as condições de assertividade", válidas dentro dela. O nó problemático está representado na tese, para retomar as palavras de Viola e Zaccaria, segundo a qual "a comunidade interpretativa dita as regras constitutivas, ou seja, a gramática fundamental que sustenta e define a *praxis* do julgar". Esta tese implica seguramente que "no interior de cada comunidade linguística – e, portanto, também da comunidade jurídica, onde existem instituições próprias e papéis precisos e onde são relevantes, tanto os intérpretes autorizados, como seus parceiros profissionalmente competentes – deve existir um acordo prévio acerca da aceitação e da utilização de determinados meios e métodos de interpretação".[80] Isso implica, para usar uma expressão cara ao segundo Wittgenstein, a existência de uma "forma de vida" comum. Mas, limitar-se a essa afirmação nos diz pouco sobre o funcionamento dos limites que o juiz, e geralmente o intérprete do Direito, encontra em sua atividade. Para avançarmos, deve-se recordar que, como afirma Wittgenstein, a existência de uma forma de vida comum se manifesta através do compartilhamento de uma linguagem pelos membros da comunidade.[81]

A plena consciência desse dado parece emergir do texto de uma conferência que Karl Llewellyn proferiu no outono de 1929, na Columbia Law School.[82] Nessa conferência, o jurista norte-americano contrapôs o paradigma formalista e normativista do Direito, que dominara a cena até aquele momento, àquele proposto pelos jusrealistas, que Llewellyn expõe com clareza e capacidade de síntese exemplares. A tese de Llewellyn é que os textos normativos podem guiar na interpretação dos casos, mas não podem decidir a controvérsia. Devem ser considerados como o vocabulário que os juízes utilizam para organizar siste-

---

[79] Saul Kripke. *Wittgenstein on Rules and Private Language*, Oxford, Basil Blackwell, 1982, tr. it. Torino: Boringhieri, 1984.

[80] F. Viola – G. Zaccaria, *Diritto ed interpretazione. Lineamenti di teoria ermeneutica del diritto*, cit., p. 193-4. Veja-se também U. Eco, "Replica" in S. Cavicchioli (a cura di), *Interpretazione e sovrainterpretazione. Un dibattito con R. Rorty, J. Culler e C. Brooke-Rose*, Milano, Bompiani, 1995, 170 e ss.

[81] "Verdadeiro e falso é aquilo que os homens *dizem*; e na linguagem, concordam. E essa não é uma concordância das opiniões, mas da forma de vida". (L. Wittgenstein, *Philosophische Untersuchungen*, Oxford, Basil Blackwell, 1953, tr. it. Torino, Einaudi, 1967, § 241).

[82] K. Llewellyn, *The Bramble Bush: On Our Law and Its Study*, New York, Oceana Publications, 1930. O modo como Llewellyn expõe o desafio realista é, na minha opinião (provavelmente graças à matriz antropológica-cultural de suas pesquisas), ainda hoje, depois de milhares de páginas escritas por autores realistas, uma das mais convincentes e menos dogmáticas, ou seja, sem a ingênua ideologia neoempirista e cientificista que caracteriza muitas das posições realistas.

ESTADO DE DIREITO E INTERPRETAÇÃO

maticamente e sintetizar a área problemática da qual se ocupam, enquanto as normas, em senso restrito, devem ser consideradas como o produto do processo de tomada de decisões, e não como o elemento determinante de seu resultado. O Direito consiste, para Llewellyn, na discussão sobre como os juízes resolvem as controvérsias, discussões que envolvem os próprios juízes, os advogados que devem impostar os modos com os quais propor a controvérsia e os estudiosos do Direito. As disputas jurídicas não podem ser solucionadas somente com base nos textos normativos (sejam eles leis ou precedentes judiciais). Mais especificamente, Llewellyn afirma que os recursos fornecidos pelos textos jurídicos são insuficientes para chegar a uma decisão, porque sempre deixam a possibilidade de inventar um ótimo argumento jurídico que sustente uma pluralidade de soluções, mesmo radicalmente divergentes entre si. Se os advogados de fato cumprem bem seu trabalho, os juízes sempre se encontram diante da escolha entre pelo menos duas opções jurídicas perfeitamente coerentes e sistemáticas, e nenhuma norma pode indicar-lhes qual das duas devem escolher. Os textos normativos fornecem ao juiz uma grade de problemas à luz dos quais deve "ler" a controvérsia, mas não definem o litígio. Mais ainda, auxiliam o juiz enumerando os fatores relevantes no momento de examinar o conteúdo jurídico das petições. Um juiz avalia os fatos e as circunstâncias do caso, utiliza os textos fonte do Direito, para integrar estes elementos num quadro "imaginativo"[83] e decide a controvérsia com base em sua visão sobre a finalidade do Direito em relação aos fatos levados a seu conhecimento. Segundo esta perspectiva, é possível em cada comunidade individuar um conjunto de textos normativos com base no qual julgar condutas em questão, porém esses textos não formulam as normas de forma detalhada e perspícua para a totalidade dos fatos. Não bloqueiam nenhum caminho, nem pré-condicionam o resultado da controvérsia. Portanto, é impossível prever as decisões dos juízes tomando por base as normas jurídicas vigentes. Para compreender o fenômeno jurídico, Llewellyn recomenda não confundir a "normatividade" com suas formas exteriores, ou seja, as leis ou, mais em geral, os textos normativos.

Portanto, segundo esse posicionamento, o problema central é aquele de definir a própria noção de "normatividade jurídica" que não pode ser reduzida aos textos normativos como quer o paradigma legicêntrico rousseauniano-montesquieuniano e, em geral, toda a tradição normati-

---

[83] Não é por acaso que a imaginação do jurista é o centro do ensaio de Pietro Costa, "Discorso giuridico e immaginazione. Ipotesi per una antropologia del giurista", que representou um ponto de partida fundamental para a realização deste trabalho.

vista e formalista. A postura sociológica poderia fazer pensar numa substituição da normatividade do texto pela norma da cultura jurídica, da "ideologia normativa" de Ross. Isso seria certamente um avanço, mas de qualquer forma ainda muito genérico: motivo do qual derivam boa parte das dificuldades que o enfoque hermenêutico ainda hoje encontra.

De minha parte, procurarei mostrar como a interpretação do argumento de Wittgenstein contra a linguagem privada, proposta por Kripke,[84] pode fornecer o quadro teórico para elaborar um conceito de "normatividade" que, embora não permita precisar os limites da atividade do jurista, pelo menos defina claramente as modalidades nas quais estes limites, e, portanto a "normatividade", operam.[85] Este posicionamento evita a hipostatização da "cultura jurídica", colocando-a, como sugere Llewellyn, em segundo plano em relação ao discurso dos juristas, a sua linguagem. Uma vez deslocada a atenção da cultura jurídica de um determinado país, num determinado momento histórico, para a linguagem dos juristas, a noção de "cultura jurídica" assume uma dimensão dinâmica, em grau de esclarecer como se forma e se desenvolve o acordo entre juristas que definem os graus de liberdade de sua atuação.

No parágrafo 201 das *Philosophische Untersuchungen,* Wittgenstein enuncia o seguinte paradoxo: "uma regra não poderia determinar um modo de agir, pois cada modo de agir deveria estar em conformidade com uma regra."

Segundo esta tese radical, ninguém pode ter certeza de estar seguindo uma determinada regra e, portanto, tampouco de estar agindo com base nos próprios desejos. Segundo Wittgenstein, "não se pode

---

[84] *Wittgenstein on Rules and Private Language*, cit.

[85] Neste trabalho não examino a validade da interpretação proposta por Kripke, uma vez que uma discussão, minimamente exaustiva, requereria uma longa digressão. Limito-me a expor algumas idéias que esta interpretação sugere e que me parecem interessantes para a elaboração de uma possível teoria da "normatividade jurídica". No mais, se aquela de Kripke seja uma interpretação corretta de Wittgenstein não me parece relevante para a tese que aqui apresento. Relevante é saber se o quadro que se obtém dessa interpretação é útil para a elaboração de uma noção de "normatividade" satisfatória. Não me parece muito importante a questão de se este quadro derive das teses de Wittgenstein, de Kripke ou, como é mais provável, de minha leitura da teoria de um imaginário "Kripkenstein". De qualquer forma, é um dever destacar que esta interpretação, amplamente inspirada no "novo dilema da indução" proposto por Nelson Goodman (*Fact, Fiction and Forecast,* Cambridge (Mass.), Harvard University Press, 1983, tr. it. Bari, Laterza, 1985), suscitou muitas críticas. Em particular, tanto por sua escassa plausibilidade como interpretação das teses de Wittgenstein, tanto por sua insustentabilidade como posição filosófica em *si* (G. P. Baker – P. M. S. Hacker, *Scepticism, Rules and Language*, Oxford, Basil Blackwell, 1984; C. McGinn, *Wittgenstein on Meaning*, Oxford, Basil Blackwell, 1984). Acrescento que as críticas a ela dirigidas enquanto interpretação das teses de Wittgenstein estão centradas particularmente na idéia da "comunidade de referência", idéia que tem um papel fundamental na teoria do Direito como "prática".

ESTADO DE DIREITO E INTERPRETAÇÃO

seguir uma regra '*privatim*', porque então acreditar que se segue a regra seria o mesmo que seguir a regra [...] Um 'processo interno' necessita critérios externos".[86] Kripke afirmou que o núcleo da teoria de Wittgenstein é a idéia que a linguagem se funda não em *condições de verdade*, mas sim em *condições de afirmabilidade* ou *condições de justificação*. Segundo Kripke, é possível retirar das teses de Wittgenstein uma teoria do jogo lingüístico que especifique as condições nas quais estamos autorizados a atribuir conceitos a outros e ofereça uma explicação da utilidade deste jogo para nossa vida. Esta idéia de "jogo lingüístico" comporta necessariamente a existência de uma comunidade. Se nos limitássemos a considerar uma pessoa isolada, o limite extremo que a pesquisa poderia chegar seria a constatação de que um indivíduo faz aquilo que está propenso a fazer. Mas certamente não se poderá estabelecer que este, ainda se propenso a agir num determinado modo, *deveria* ter agido de outro.[87]

A situação é muito diferente quando se considera o indivíduo em sua interação com uma comunidade. É evidente que seus membros acreditam dispor de justificativas que lhes permitam estabelecer se um sujeito segue uma regra de modo correto ou incorreto: a existência dessas justificativas é parte constitutiva daquilo que entendemos como uma "comunidade". Normalmente os membros de uma comunidade não estão dispostos a aceitar incondicionalmente a autoridade do sujeito para estabelecer se está seguindo corretamente ou não uma regra. Se um indivíduo não se conforma ou deixa de se conformar àquilo que a comunidade acha que se deveria fazer em determinadas circunstâncias, mesmo continuando a afirmar que está seguindo "a regra", a comunidade não pode lhe atribuir o controle sobre a regra que deveria ser seguida.

Portanto, segundo Kripke, Wittgenstein toma seriamente em consideração a teoria emotivista, segundo a qual, qualquer princípio normativo para o qual se reivindique a validade universal é, em última análise, expressão das referências de uma vontade individual. Por isso, os princípios primeiros têm e podem ter unicamente a autoridade que

---

[86] L. Wittgenstein, *Philosophische Untersuchungen*, cit., §§ 201 e 580.

[87] Como observa Kripke (*Wittgenstein on Rules and Private Language*, cit., p. 73), "por definição" um sujeito, tomado singularmente, está autorizado a agir "sem ulteriores justificativas" como lhe "pareça natural e inevitável". "Em quais circunstâncias poderia estar errado, por exemplo, seguindo a regra errada? Nenhum outro, considerando somente sua mente e seu comportamento poderia dizer coisas como, 'Está errado se estiver em desacordo com suas próprias intenções passadas': o ponto do argumento cético era que não podem existir fatos que lhe digam respeito em virtude dos quais ele esteja ou não de acordo com as próprias intenções."

uma vontade individual, ao adotá-los, decide conferir-lhes. Qualquer argumentação que um indivíduo elabore em defesa do princípio normativo que quer afirmar, o processo de justificação chega sempre a uma escolha injustificável ulteriormente, a uma escolha arbitrária e que não é passível de argumentação.[88] Porém, ao mesmo tempo, Wittgenstein redimensiona o impacto dessa teoria. O emotivismo, como sublinha MacIntyre,[89] reduz as proposições axiológicas a expressões de pura preferência individual, isto é, dá uma conotação equivalente a duas categorias expressivas que na linguagem ordinária se caracterizam exatamente por sua diferença e pela recíproca contraposição. A força motivacional dos dois tipos de afirmações depende, segundo a teoria emotivista, da personalidade de quem enuncia e daquela dos membros da *audience*, enquanto segundo a teoria tradicional a força das afirmações axiológicas é completamente desvinculada do contexto no qual são pronunciados. Segundo Kripke, Wittgenstein restaura a diferença entre os dois tipos de afirmativas, mesmo continuando a negar que os enunciados axiológicos tenham uma validade "objetiva", desvinculada do contexto: dependem do contexto, da comunidade interpretativa, têm uma pretensão não de verdade, mas de validade intersubjetiva, seu significado depende das condições de afirmabilidade vigentes numa determinada comunidade. São essas condições que permitem, num determinado contexto, distinguir entre as expressões de preferência individual e os enunciados axiológicos.

Os participantes de um determinado jogo lingüístico atribuem certos conceitos aos indivíduos (substancialmente, os atribuem reciprocamente um ao outro) e, assim, ainda que provisoriamente, são admitidos (também reciprocamente) na comunidade. Quando a comunidade afirma que alguém não está seguindo certas regras, normalmente o exclui de algumas ou de todas as transações sociais. Segundo tal paradigma, de um lado não parece que se possa dar uma representação objetiva do "mundo externo"; de outro, a representação que geralmente fornecemos não é absolutamente "autônoma": aliás, é de alguma forma imposta pelo grupo do qual fazemos parte, pelo jogo lingüístico no qual participamos.

Deve ser destacado que, contrariamente ao que parece pensar a maioria dos juristas europeus, estas observações são válidas, como mostrou

---

[88] "Quando exauri as justificativas chego à camada de rocha, e minha pá se enche. Então, estou disposto a dizer: 'Aí está, ajo exatamente assim'". (L. Wittgenstein, *Philosophische Untersuchungen*, cit., § 217)

[89] A. MacIntyre, *op. cit.*, p. 25.

ESTADO DE DIREITO E INTERPRETAÇÃO

Wittgenstein nas *Bemerkungen über die Grundlagen der Mathematik,*[90] também para as comunidades que administram atividades altamente técnicas, como certamente são a dogmatização, a interpretação e a argumentação jurídica. À luz das teses de "Kripkenstein",[91] também essas atividades podem se desenvolver exclusivamente na base de uma "forma de vida", ou seja, na base de convenções pré-interpretativas, de acordos tácitos compartilhados, de práticas sociais que incorporam um conjunto de objetivos, de valores e fins. Aliás, poder-se-ia dizer que mais uma atividade é tecnicizada, mais ela pressupõe que seus membros se atribuam reciprocamente o domínio de uma linguagem que "permite aos que falam e a quem escuta ouvir, ou seja, perceber a produção objetiva e a exposição dos conhecimentos de senso comum, das circunstâncias práticas, das ações práticas".[92] Em outras palavras, os juristas admitem na comunidade dos intérpretes aqueles que são capazes de utilizar a linguagem jurídica e, como qualquer estudante de jurisprudência bem sabe, excluem aqueles que não dão prova desse domínio.

A leitura de Kripke das teses de Wittgenstein levou-nos ao ponto no qual nos tínhamos detido examinando o Direito como "prática social": as características "objetivas" do Direito não são o produto da consciência individual (e de sua relação com o texto normativo), mas representam o êxito dos procedimentos interpretativos mediante os quais o "Direito" é construído no interior de complexas interações sociais. Mas a teoria de Kripke, substituindo a cultura pela interação lingüística, permite avançar na definição das modalidades que determinam a esfera de ação do jurista. Esta escolha, como já sublinhei, elimina aquela hipostatização, e talvez também naturalização[93] que a noção de "cultura" inevitavelmente carrega consigo. Realizada a substituição da cultura pela interação lingüística, nota-se também que a comunidade interpretativa, assim como cada um dos juristas, não pode jamais enunciar a regra que está seguindo, mas somente aquela que pensa estar seguindo. Quando os juristas, entendidos como comunidade interpreta-

---

[90] H. Garfinkel; H. Sacks, "On Formal Structures of Practical Actions", em J. McKinney – E. Tyriakian (org.), *Theoretical Sociology*, New York, Appleton-Century-Crofts, 1970, p. 342.

[91] "Kripkenstein": neologismo introduzido pelo autor para indicar uma síntese entre as teses de Wittgenstein e de Kripke. (Nota dos tradutores).

[92] H. Garfinkel; H. Sacks, "On Formal Structures of Practical Actions", in J. McKinney – E. Tyriakian (ed.), *Theoretical Sociology*, New York, Appleton-Century-Crofts, 1970, p. 342.

[93] A importância da conceitualização de um paradigma como "natural" com fins de legitimação foi sublinhada por Lovejoy (A. O. Lovejoy, *The Great Chain of Being*, Cambridge (Mass.), Harvard University Press, 1957, p. 184), segundo o qual o "fashion of appealing to something called 'nature' for norms" é uma constante do pensamento ocidental desde a antiguidade.

tiva, asseveram que certa obediência a uma regra é correta, querem dizer simplesmente que *acham* que teriam se comportado da mesma maneira. Dado que para poder afirmar que está seguindo uma regra o jurista deve respeitar as condições de *afirmabilidade,* a conseqüência é que essas condições, com relação à regra que acredita estar seguindo, consistem na coincidência entre sua crença e aquela da comunidade dos intérpretes. É por isso que nunca surge o problema, ademais insolúvel, de quais regras de fato seguem os juristas tomados individualmente (problema que trataria as *condições da verdade*). Ao contrário, parece evidente que a formalização de regras é sempre uma reconstrução *a posteriori.* Wittgenstein, no parágrafo 82 das *Philosophische Untersuchungen*, pergunta: "Que coisa denominamos 'a regra com base na qual se procede'?"

> Será que aqui a analogia da linguagem com o jogo não nos será esclarecedora? Podemos muito bem imaginar que pessoas se divirtam num campo jogando com uma bola e precisamente que comecem diferentes jogos entre aqueles existentes, sem concluir nenhum deles; entre um jogo e outro atirem bola para o alto ao acaso, persigam-se mutuamente por brincadeira, atirando a bola, etc. E então alguém poderia dizer: durante todo o tempo aquelas pessoas jogaram um jogo de bola e se comportaram, a cada lance, segundo determinadas regras. E não se dá também o caso em que jogamos e "make up the rules as we go along?" E também o caso em que as modificamos "as we go along?".[94]

Seguir normas ou regras significa, portanto, construir sempre novas regras, ou modificar aquelas existentes: obviamente com o material lingüístico ou social disponível. E não poderia ser diferente, dado que as regras não estão em grau de especificar os procedimentos interpretativos com os quais o sujeito decide sua aplicabilidade à situação.[95] A "própria" norma e a "própria" situação podem ser construídas de modo

---

[94] L. Wittgenstein, *Philosophische Untersuchungen*, cit., § 83. (Ed. Brasileira: p. 46) *"Make up the rules as we go along"*: aparece no texto em inglês e significa "fazer as regras enquanto se caminha".

[95] Primeiro Aristóteles e depois Kant, na *Crítica da razão* pura, haviam evidenciado que nenhuma regra pode determinar as condições de sua aplicação e que o estabelecimento destas condições não pode ser solicitado a outra regra, sob pena de retorno ao infinito. Ambos haviam individuado no "juízo" o instrumento para determinar quando aplicar uma regra e afirmaram que a faculdade do juízo se afina através dos exemplos. Wittengenstein toma essa tese como sua até a redação de *The Blue Book*, mas no ano seguinte, redigindo *The Brown Book,* elabora a teoria mais radical da impossibilidade de seguir uma regra privadamente. Ao mesmo tempo, o filósofo austríaco, se a leitura de Kripke é correta, lança, com a implícita substituição das condições de assertabilidade àquelas de verdade, as premissas para precisar as modalidades nas quais se desenvolve e se aprende a atividade do "juízo".

ESTADO DE DIREITO E INTERPRETAÇÃO

muito diferente. O significado das regras e aquele do contexto ao qual se aplicam não são estáveis, mas se definem reciprocamente.

Na prática cotidiana, quando o comportamento de um jurista corresponde às expectativas da comunidade interpretativa, esta dá como certo que o indivíduo "está convencido de que segue a mesma regra que a comunidade julga seguir". Os problemas aparecem quando o comportamento do juiz difere dessas expectativas: geralmente a comunidade, ou para ser mais preciso, um outro jurista "convicto de seguir a mesma regra que a comunidade acredita seguir",[96] corrige o juiz "desviante" propondo-lhe (ou impondo-lhe) a regra que a própria comunidade "acha por bem" seguir. Nessa situação, podem-se verificar várias possibilidades. O caso mais simples é aquele no qual o juiz, pensando que segue a regra proposta pela comunidade, instaura entre ele e a comunidade um confronto para estabelecer quem cometeu um erro e onde ele se deu. Neste caso, respeita-se aquela que se poderia chamar de expectativa "forte" da comunidade, isto é, a expectativa que o juiz esteja convencido de seguir a mesma regra que a comunidade dos intérpretes julga seguir.[97] Esta situação – que pode ser comparada àquela do erro de cálculo na comunidade dos matemáticos – não difere substancialmente daquela do respeito das expectativas.

O conflito aparece quando o juiz percebe a regra que lhe é proposta pela comunidade dos intérpretes como diferente daquela que ele acredita ser sua obrigação seguir. É evidente que se um jurista e a comunidade dos intérpretes à qual ele se refere crêem seguir sistemas de regras totalmente diferentes entre eles, a única conclusão que se pode tirar é que o jurista, na realidade, não faz parte daquela comunidade de intérpretes. É realmente improvável que ele consiga instaurar uma interação discursiva significativa com qualquer membro da comunidade interpretativa. Então, poder-se-ia supor que as diferenças referem-se a regras particulares. À luz do paradigma "Kripkenstein", o procedimento da "correção", ou seja, o conflito entre normatividade social e indivíduo, assume mais ou menos o seguinte aspecto: a comunidade dos intérpretes

---

[96] Doravante, considerarei desnecessária esta precisão.

[97] Creio que, dentro de certos limites, as expectativas dos membros da comunidade referem-se, mais que aos próprios comportamentos, a estratégias de argumentação e a justificativas. Quando vou ao verdureiro, espero que não faça as contas de forma estranha ou desonesta. Usando a terminologia de Niklas Luhmann, direi que estas são expectativas "normativas". Ao contrário, no caso que o verdureiro chegue a um resultado diferente do meu, mas seguindo meu próprio procedimento de cálculo, estarei disposto a refazer as contas para verificar quem errou. Aquela que Luhmann chama "expectativa cognitiva" deve ser dividida em duas partes; a expectativa da regra a ser seguida (ou do procedimento) que é normativa e não cognitiva, e aquela do resultado que realmente é cognitiva.

implicitamente, ou explicitamente se não for "dogmática", adverte o jurista que ela sabe bem que não pode "demonstrar" (com base em critérios neutros) a "exatidão" da "correção" que propõe. Porém, este aspecto não tem nenhuma relevância, porque se o juiz pretende (continuar a) fazer parte da comunidade, deve aceitar a "correção dos erros" cada vez que frustra as expectativas dos demais membros da mesma comunidade. Quando o juiz não aceita a regra proposta pela comunidade dos intérpretes, e esta não aceita a regra proposta pelo juiz, se a regra concerne aspectos limitados da vida social, sua sentença é cassada ou deixada de lado e, portanto, não influencia a formação do Direito: é colocada em condições de não provocar ulteriores desilusões das expectativas dos outros membros da comunidade. Se, ao contrário, a regra em discussão refere-se a um âmbito mais vasto da vida da comunidade, o indivíduo é excluído da comunidade dos juristas.

É óbvio que, segundo a impostação de "Kripkenstein", é impossível entender a operação da "correção" como um ato por meio do qual outros indivíduos rejeitam as respostas "erradas", respostas que não coincidem com a regra entendida por aquele que fala. O juiz "desviante", colocado diante de um contraste entre a regra afirmada pela comunidade dos intérpretes e a regra que ele pensa que deve seguir, não tem nenhum motivo válido, a não ser o temor de uma sanção por parte da comunidade, para reconhecer a exatidão da regra por ela proposta, especialmente quando ela coloca obstáculos para fazer ou dizer algo que pretenda naquele determinado momento. De um ponto de vista "neutro", com relação aos universos discursivos que são invocados, em abstrato, ambos dotados do mesmo fundamento, as "correções" só podem ser arbitrárias: se se aceita esta premissa, então juízes intelectualmente fracos e sugestionáveis poderiam ser induzidos a rever suas posições, apesar de que, em teoria, essas posições poderiam ser aceitáveis pela comunidade de intérpretes.[98] A distinção entre razão e causas de uma crença, ou, para usar uma imagem de Richard Rorty, entre o diálogo socrático e a sugestão hipnótica, tem sentido somente nos limites de um jogo lingüístico, ou seja, de uma série de acordos sobre aquilo que se considera como possível e importante. Quando se passa de um vocabulário a outro, de um conjunto de metáforas justificativas a outro, esta distinção não tem mais sentido.[99] É este o quadro epistemológico que

---

[98] S. Kripke, *Wittgenstein on Rules and Private Language*, cit., p. 33-4.

[99] "Se se aceita a idéia que não existe qualquer ponto de vista externo ao vocabulário particular, historicamente condicionado e temporário, que usamos atualmente, a partir do qual podemos julgar este mesmo vocabulário, então não se pensará mais que existam razões para usar determi-

dá sentido à tese de Llewellyn – tese que Hyland[100] define como "teoria do juiz nietzschiano" – segundo a qual os juízes débeis, aqueles que não têm a capacidade de manipular as normas jurídicas para alcançar os resultados que consideram justos, sentir-se-ão vinculados pelo sistema. Os grandes juízes, aqueles dotados de experiência e sabedoria, capazes de fazer aparecer como óbvias as soluções mais inovadoras – o modelo que Llewelyn tem em mente é certamente Benjamin Cardozo – usarão sua habilidade e competência para alcançar aquela que para eles parecerá como a "justiça".

O juiz nietzschiano, do ponto de vista do normativismo formalista, parece o protótipo, mais que do jurista, do participante do jogo da "discricionariedade do árbitro", para retomar uma célebre definição de Hart.[101] Trata-se do jogo no qual qualquer coisa que o juiz faça concretamente, se ele tiver um forte poder de persuasão, resulta correta do ponto de vista do discurso jurídico. Não nos encontraremos mais diante do "Direito": faremos o jogo da normatividade do fato singular, da ação singular. Esta crítica teria sentido se a teoria do juiz nietzschiano fosse inserida num quadro emotivista. Uma vez que esta figura, ao contrário, é colocada dentro da visão do Direito como "prática" e, particularmente, das teses de "Kripkenstein", a crítica de Hart perde seu fundamento. De fato, deve-se ter presente que a impossibilidade de fixar um critério "neutro" para estabelecer se se está seguindo a mesma regra, ou se, ao contrário, a regra modificou-se *as we go along,* não permite traçar uma nítida linha entre o caso no qual o jurista se adapta à pretensão da comunidade dos intérpretes e aquele em que é esta última a se adequar às teses do jurista. O juiz nietzschiano é aquele que, como escreve Rorty,[102] não permite que a abertura da própria mente "seja determinada pela linguagem que outros deixaram para trás". Porém, naturalmente, também este juiz deve "fazer as contas" com a tese de Wittgenstein, segundo a qual não existem linguagens privadas: "não se pode dar significado a uma palavra ou a uma poesia confrontando-a com um significado não lingüístico, com algo diferente de um conjunto de palavras já usadas".[103]

---

nadas linguagens e razões internas a elas pelas quais se possa acreditar em determinadas afirmações. Isto significa renunciar à idéia que o progresso intelectual e político seja racional, em todos os sentidos em que "racional' se entenda como algo neutro em relação aos vários vocabulários" (R. Rorty, *Contingency, Irony and Solidarity*, Cambridge, Cambridge University Press, 1989, tr. it. Bari, Laterza, 1989, p. 62).

[100] R. Hyland, "Shall We Dance?", cit., p. 384.

[101] H.L.A. Hart, *The Concept of Law*, cit., p. 167-70.

[102] R. Rorty, *Contingency, Irony and Solidarity*, cit., p. 38.

[103] Ivi, p. 54.

O juiz nietzschiano é aquele que produz novas metáforas, isto é, que utiliza de forma inusitada as velhas palavras,[104] e todavia "isto somente é possível tendo como pano de fundo outras velhas palavras que continuam a ser empregadas nos modos habituais. Uma linguagem que fosse 'completamente uma metáfora' de nada serviria, e, portanto, não seria sequer uma linguagem, mas somente um balbucio".[105] Deve-se sempre ter presente que um juiz não pode afirmar que segue uma regra, mas somente que considera que segue uma regra. Isso implica que se as expectativas dos demais membros da comunidade interpretativa relativas a seu comportamento forem frustradas, o juiz, ainda se estivesse certo de seguir a regra que acredita seguir, não pode afirmar que está seguindo tal regra. Portanto, a regra que o indivíduo pensa que segue não é em nenhum caso *sua* regra: é sempre uma regra colocada pela comunidade. É irrelevante o fato de que o indivíduo tenha sido o primeiro a enunciá-la e que precedentemente a comunidade não tivesse conhecimento dela. Na perspectiva de "Kripkenstein" na qual todo acordo ou desacordo entre os indivíduos é, em última instância, uma concordância ou discordância de sua linguagem, quem entra em conflito com a comunidade interpretativa usa uma linguagem diversa daquela corrente.

O jurista nietzschiano só pode ser, em substância, aquele tipo de intérprete que Rorty chama, com aprovação, o "textualista forte":[106] é alguém que "bate" o texto até que o tenha adaptado à forma de seu discurso, ou seja, reescreve o texto no momento em que o interpreta. O novo texto, porém, deve ser considerado um "texto de referência" da comunidade dos intérpretes e será ela a estabelecer seu significado. O textualista "forte" não pode em nenhum caso estabelecer o significado

---

[104] Como afirmou Donald Davidson em "What Metaphors Mean", a distinção entre o literal e o metafórico é uma distinção não entre dois tipos de significado, nem entre dois tipos de interpretação, mas entre usos familiares e usos insólitos de sons e de sinais. O uso literal de sons e de sinais é aquele ao qual atribuimos significado graças a nossas velhas teorias sobre o que dirão os indivíduos em diversas circunstâncias, O uso metafórico é aquele que nos leva a elaborar uma nova teoria para a atribuição de significado: "O que nego é que uma metáfora desempenhe sua função porque tem um significado especial, um específico conteúdo cognitivo. [...] Uma metáfora desenvolve sua função através de outros intermediários: supor que ela seja eficaz somente se transmite uma mensagem codificada é como pensar que uma piada ou um sonho contenha algum enunciado que um hábil intérprete possa reformular em prosa. As piadas, os sonhos ou as metáforas, como um quadro ou um galo na cabeça, fazem-nos apreciar qualquer fato, mas não porque exprimam ou estejam no lugar daquele fato". (D. Davidson, "What Metaphors Mean", in Id., *Inquiries into Truth and Interpretation*, Oxford, Oxford University Press, 1984, p. 262).

[105] R. Rorty, *Contingency, Irony and Solidarity*, cit., p. 53.

[106] R. Rorty, *Consequences of Pragmatism*, Minneapolis, Minesota University Press, 1982, tr. it. Milano, Feltrinelli, 1986, p. 16.

que sua metáfora ganhará, quando estiver "morta", ou seja, quando já estiver integrada ao jogo lingüístico dos juristas. Enquanto o juiz conformista pode ser equiparado a um artesão que sabe qual trabalho deve fazer antes de escolher os instrumentos para tal, o "textualista forte" não se encontra nessa condição. O Cardozo, de Llewellyn, como o Galileo, de Kuhn, não pode ter bem claro na mente aquilo que pretende fazer antes que as metáforas por ele criadas tenham se tornado linguagem. É o novo vocabulário que permite exprimir a finalidade do próprio vocabulário: "ele é o instrumento para fazer aquilo que não podia sequer ser imaginado antes que se desenvolvesse um determinado conjunto de descrições, aquele para o qual ele próprio contribui para tornar disponível".[107] Para usar uma metáfora que se tornou célebre pelo Humpty Dumpty de Lewis Carroll, a comunidade de intérpretes permanece sempre e de qualquer forma o *master* do Direito: é a comunidade que estabelece o significado das palavras. Este dado representa a garantia de que não nos encontramos frente ao jogo da "discricionariedade do árbitro": ao contrário, estamos no jogo da discricionariedade da comunidade dos intérpretes, e este jogo é o próprio "Direito".

Parece-me importante sublinhar a relação entre esta impostação hermenêutica e a teoria de Dworkin, de um lado, e, de outro, o método da dogmática jurídica. A lição de "Kripkenstein" remete a uma teoria interpretativa radicalmente diferente daquela defendida por Dworkin, centrada como é no princípio da coerência, ainda que entendida não mais no sentido formal, e sim de conteúdo. Segundo Dworkin, como destacam Viola e Zaccaria,[108] "o sentido, entendido holisticamente, possui uma unidade, nunca completamente dada e sempre para ser recriada". A vantagem da "coerência (congruência) hermenêutica" com relação à "coerência (ausência de contradições) juspositivista" consistiria "na verificabilidade da congruência não só com relação a entidades linguísticas como os enunciados normativos, mas também com relação a entidades extra-linguísticas como os comportamentos humanos". A impostação de "Kripkenstein" não nega que o ordenamento jurídico mantém-se unido graças a uma harmonia e interdependência dos significados, mas esclarece que, como demonstrou Nelson Goodman,[109] aquilo que chamamos "similar" (ou, para Wittgenstein: "idêntico")

---

[107] R. Rorty, *Contingency, Irony and Solidarity*, cit., p. 21.

[108] F. Viola – G. Zaccaria, *Diritto ed interpretazione. Lineamenti di teoria ermeneutica del diritto*, cit., p. 184.

[109] Nelson Goodman. *Fact, Fiction and Forecast*, Cambridge (Mass.), Harvard University Press, 1983, tr. it. Bari: Laterza, 1985.

apresenta-se no curso de nossa atividade prática sem que possamos explicá-lo. Se a decisão de uma controvérsia jurídica pressupõe uma avaliação dos fatos e das circunstâncias e não só sua redução ao texto normativo, o juiz permanece livre para construir esses fatos e essas circunstâncias como "similares a" outros fatos e circunstâncias pertencentes a uma pluralidade ilimitada de categorias. Como afirmou Fish, criticando as teses de Dworkin, o dever moral da "coerência" não limita, de forma alguma, a liberdade de ação do intérprete. A ciência moderna há muito estabeleceu que, como demonstraram, primeiro, Pierre Duhem e, depois, William van Orman Quine, sempre é possível afirmar que uma explicação alternativa (coerente) fornece uma prestação de contas melhor sobre determinados fatos. Esta impostação, além do mais, transforma o imperativo de uma leitura coerente do sistema constitucional de "dever moral", como o define Dworkin, o elemento constitutivo do ser jurista: o desafio da incerteza é afrontado e englobado na teoria do Direito como prática que não é evitada, passando do discurso jurídico ao discurso moral e, portanto, em última instância, negando a autonomia do primeiro.

Na linha dessa última consideração, deve-se destacar que a concepção do Direito como "prática", ao contrário da versão decisionista da teoria realista, não é de per si incompatível com a análise dogmática, e menos ainda tende a subestimar sua importância. O rigor sistemático e a avaliação de todos os fatos e as circunstâncias à luz de princípios abstratos têm um *status* consolidado no Direito, enquanto elementos constitutivos das "condições de assertividade" de uma determinada comunidade de intérpretes, ou seja, enquanto representam elementos essenciais para entender o concreto funcionamento de uma determinada comunidade de intérpretes. Nada impede, em tal concepção do Direito, afirmar que a atenção pela ordem sistemática permite evidenciar a habilidade do jurista, garantindo uma precisão de outra forma impensável nas previsões das decisões dos casos. Nada mina as críticas daqueles juízes que, nos Estados Unidos, e, no passado, na Inglaterra, onde esta "obsessão sistemática" sempre faltou, há muito lamentam que a instrução jurídica não forneça uma imagem da *common law* como um sistema coordenado e orgânico.[110] Numa concepção realista e não decisionista,

---

[110] Para os Estados Unidos da América, veja-se W. Hohfeld, "The Relations Between Equity and Law", in *Michigan Law Review*, 11 (1913), 537 e ss., p. 540 n. 3. Para o debate inglês, durante os séculos XIX e XX, sobre a falta de sistematicidade da *commom law*, permito-me remeter a E. Santoro, *Common Law e costituzione nell'Inghilterra moderna. Una introduzione al pensiero di Albert Venn Dicey*, Torino, Giappicchelli, 1999.

ESTADO DE DIREITO E INTERPRETAÇÃO

como aquela defendida por Llewellyn, nada impede a avaliação positiva dos aspectos sistêmicos e estruturais do Direito e da organicidade que os juristas são capazes de atribuir ao sistema jurídico. Esta apreciação se choca com a concepção realista-decisionista ou com aquelas teorias que tendem a fundir o Direito com disciplinas afins (Economia, Ciência Política, Filosofia Moral, etc.). Segundo a impostação de Llewellyn, as normas e sua sistematicidade não "decidem" o caso, mas certamente não são irrelevantes. Se Llewellyn, as tivesse considerado irrelevantes, não teria desempenhado por trinta anos o papel de "chief report" para o Uniform Commercial Code. Do ponto de vista do Direito como prática, é suficiente que os juristas tenham consciência de que tal apreciação não reduz a atividade jurídica a uma mera coleta de normas pertinentes ao caso em julgamento: concernem não apenas às "condições de verdade", mas também às "condições de afirmabilidade", isto é, às estratégias retóricas, através das quais se justificam as soluções do caso que pretendem propor.

8. Certeza do Direito e *rule of law*

O quadro teórico que até aqui tracei pode parecer inconciliável com qualquer teoria que procure reconectar-se à tradição do Estado de Direito. Parece um quadro destinado não só a substituir o jogo da "discricionariedade do árbitro" pelo "Direito", como afirmou Hart, mas também capaz de levar a uma concepção do poder como inevitavelmente imprevisível e arbitrário. Ao contrário, em minha opinião, existe uma versão da teoria do Estado de Direito compatível com a teoria do Direito como "prática". E é exatamente desta versão que, creio, valeria servir-se como uma bússola para elaborar uma teoria realista do Estado de Direito: uma teoria que seja capaz de afrontar o mar tempestuoso do debate contemporâneo sobre os direitos, sobre Direito e sobre o papel da magistratura.

A versão da teoria do Estado de Direito à qual me refiro é aquela proposta, na Inglaterra vitoriana, por Albert Venn Dicey, em *Introduction to the Study of the Law of the Constitution*. Mais recentemente, Neil MacCormik afirmou que não existem diferenças significativas entre a noção eurocontinental de *Rechtsstaat* (Stato di Diritto, *Etat de Droit*) e aquela de *rule of law*. Ao contrário, penso que a versão do *rule of law* teorizada por Dicey, ainda que se mova num horizonte de questões totalmente similar àquele da Europa eurocontinental, por outro lado, decompõe os elementos da noção continental de "Estado de Direito". Fiel à impostação austiniana, Dicey rejeita tanto a idéia que a constituição inglesa se baseie no princípio da divisão dos poderes,[111] como afirmara Montesquieu, quanto à idéia de que essa divisão caracterize o Parlamento

---

[111] Sobre este ponto, W. Hohfeld, "The Relations Between Equity and Law", in *Michigan Law Review*, 11 (1913), 537 e ss., p. 540 n. 3. afirma peremptoriamente: "em resumo, o princípio que molda nosso sistema de governo é (utilizando uma palavra estrangeira, mas cômoda) o 'unitarismo', ou o exercício habitual da autoridade legislativa suprema por um único poder central que, no caso particular, é o Parlamento britânico. [...] Todo o poder do Estado inglês está concentrado no Parlamento imperial e cada setor do governo está juridicamente submetido ao despotismo parlamentar".

como um soberano submetido ao Direito. Não é à toa que tanto MacCormick, como Raz, dois autores que recolocaram a noção de *rule of law* no centro do debate jurídico-político anglo-saxão, tomaram explicitamente distância da teoria de Dicey.[112]

Os críticos de Dicey afirmam, susbstancialmente, que *The Law of the Constitution* está viciado por uma leitura do sistema constitucional inglês. A imputação principal é a de ter reduzido o princípio do *rule of law* a uma mera "regra de reconhecimento". Em outras palavras, interpretando a noção de *rule of law* à luz daquela de "soberania do Parlamento", estes autores entendem Dicey como se afirmasse que "o Parlamento é a autoridade política última, livre de todo o tipo de vínculos legais e da qual cada regra legal tira sua validez".[113] Interpretam *The Law of the Constitution* como se afirmasse que toda norma produzida pelo Parlamento, na observância dos procedimentos que regulam sua atividade, deveria ser tomada pelas Cortes como válida, sem se preocupar sobre seu impacto sobre os direitos e as legítimas expectativas dos indivíduos. Em resumo, Dicey é visto mais como o autor que difundiu entre os juristas ingleses o dogma austiniano, do que como o nobre pai do constitucionalismo britânico contemporâneo, enfraquecendo assim notavelmente a tutela dos direitos individuais.

Defendo a tese que para dar sentido ao sistema constitucional desenhado por Dicey é preciso inverter a perspectiva que lhe é atribuída pelos intérpretes e pelos críticos, sob a influência das concepções legicêntricas do *rule of law*.[114] Em vez de interpretar a noção de *rule of law* à luz do dogma da soberania do Parlamento, seria necessário ler a noção de soberania do Parlamento à luz do *rule of law*. A polêmica de Dicey contra o constitucionalismo continental, em particular o francês, é em primeiro lugar uma polêmica contra os sistemas nos quais existe um poder que pode modificar o elenco dos direitos constitucionais de um momento a outro numa "penada". É à luz dessa polêmica que deve ser interpretada a noção de soberania do Parlamento. Para Dicey, a superioridade do sistema inglês reside exatamente no fato de que a tutela dos

---

[112] Raz ("The Rule of Law and Its Virtue", cit., p. 218 n. 3) afirma que "English writers have been mesmerized by Dicey's unfortunate doctrine for too long". MacCormick ("The Interest of the State and the Rule of Law" in P. Wallington – R.M. Merkin (eds.), *Eassays in Memory of Professor F.H. Lawson*, London, Butterworths, 1986, p. 183) ; afirma que "since Sir Ivor Jennings' famous refutation of Dicey's version of the doctrine [del *rule of law*], it has been clear that it is inadequate to bear the weight Dicey puts on it".

[113] T.R.S. Allan, *Law, Liberty, and Justice*, Oxford, Clarendon Press, 1993, p. 16.

[114] Desenvolvi as teses apresentadas neste parágrafo em E. Santoro, *"Rule of law* e libertà degli inglesi. L'interpretazione di Albert Venn Dicey"* in P. Costa- D. Zolo, *Lo Stato di diritto*, cit.

direitos é confiada mais que tudo ao corpo judiciário que se formou à luz da tradição da *common law*, e não ao Parlamento. Na ausência de uma verdadeira e própria lei constitucional, consagrada num documento escrito, e venerada como fundamento da autoridade legal, Dicey atribui ao *rule of law* a função de conferir *status* constitucional aos direitos tradicionalmente reconhecidos aos ingleses pela *common law*. Pode-se dizer que *The Law of the Constitution* representa a tentativa de esboçar uma *common law constitution*. No quadro traçado por Dicey, mais que na definição que a ela dá, o *rule of law* reflete e incorpora as idéias e os valores em torno aos quais se articulou, em seu secular desenvolvimento, a *common law*. Para Dicey, o *rule of law* é de per si um rótulo em boa parte vazio, cujo conteúdo é determinado pela *common law*: em última instância, é ela a definir as características da constituição. É graças à *common law* que na Grã-Bretanha, antes que em outros países, foram dotadas de proteção liberdades importantes (as assim chamadas "liberdades dos ingleses") e foram afirmados e consolidados cânones de justiça e de eqüidade que aparecem ainda hoje como fundamentais.

A "constituição inglesa", por força da "supremacia do *rule of law*", apresenta-se, segundo Dicey, como a institucionalização de dois princípios fundamentais do liberalismo do século XIX. Em virtude de tal supremacia, ela é caracterizada em primeiro lugar pelo princípio de estrita legalidade: cada ato do governo que incide na esfera da liberdade individual ou na propriedade deve estar previsto pela lei. Em segundo lugar, a Constituição sanciona o princípio da unicidade do sujeito de Direito: todos os indivíduos, independentemente de seu *status* ou papel, estão sujeitos ao ordenamento jurídico. Em virtude da "supremacia do rule *of law*" na Grã-Bretanha, afirma Dicey: "nenhum homem é punível ou pode ser legitimamente golpeado em sua pessoa ou em seus bens, se não por uma precisa violação do Direito, acertada segundo o normal procedimento jurídico das cortes ordinárias".[115]

Como indica, no trecho acima citado, o apelo às "cortes ordinárias", a peculiaridade da formulação diceyniana deste último princípio consiste no fato de que destaca tanto o aspecto da unidade da lei, quanto aquele da unicidade da jurisdição. O terceiro aspecto da constituição inglesa que deriva da supremacia do *rule of law* parece ser colocado por Dicey, não no plano axiológico, mas no factual: não é um princípio e, sim, um dado histórico. Ao constitucionalista inglês importa destacar

---

[115] A.V. Dicey, *The Law of the Constitution*, cit., p. 110.

ESTADO DE DIREITO E INTERPRETAÇÃO

que na Inglaterra, contrariamente a tudo que aconteceu nos países da Europa continental, o ator fundamental do processo constitucional foram as Cortes que, com a ajuda do Parlamento, realizaram um verdadeiro e próprio processo de constitucionalização dos direitos tradicionalmente garantidos pela *common law*: "entre nós, os princípios do Direito Privado foram de tal forma ampliados pela ação das Cortes e do Parlamento de modo a determinar a posição jurídica da Coroa e de seus funcionários".[116] Nesse processo, Cortes e Parlamento não desenvolveram o mesmo papel e, portanto, não devem ser colocados no mesmo plano. O Parlamento, enquanto órgão legislativo, de fato limitou-se a receber e a sistematizar as elaborações jurisprudenciais das Cortes e, quando participou de modo criativo no processo de constitucionalização dos direitos, o fez como *High Court* do país, e não como órgão legislativo,[117] portanto, reelaborando a *common law*, e não "criando" um novo direito.[118]

Dessa constatação parte o célebre ataque de Dicey à declaração dos direitos. O verdadeiro problema, afirma Dicey, não é que a falta de uma constituição escrita na Grã-Bretanha tornaria problemática a defesa dos direitos individuais, mas sim a escassa proteção que tais direitos recebem nos países dotados de uma constituição escrita. A relação entre direitos individuais e a "constituição", num país como a Grã-Bretanha, onde tais direitos são fundados em decisões judiciais, é muito diferente daquela entre os direitos individuais e as constituições dos países da Europa continental, onde existem cartas fundamentais produzidas por um ato constituinte. Nesses últimos:

> o direito individual à liberdade deriva ou é garantido pela constituição. Na Inglaterra, o direito à liberdade individual faz parte da constituição, porque é garantida pelas decisões das Cortes, depois ampliadas ou confirmadas pelos *Habeas Corpus Acts*.[119]

---

[116] A.V. Dicey, *The Law of the Constitution*, cit., p. 121.

[117] Sobre o duplo papel, de órgão judiciário e legislativo, do Parlamento inglês e sobre suas implicações para a teoria constitucional anglo-saxônica, veja-se C.H. McIlwain, *The High Court of Parliament and its Supremacy*, 1910, New York, Arno Press, 1979. Para uma crítica, em minha opinião não plenamente convincente, das teses de McIlwain, veja-se J. Goldsworthy, *The Sovereignty of Parliament. History and Philosophy*, Oxford, Clarendon Press, 1999.

[118] "Os princípios que se podem descobrir na constituição inglesa são, como todas as máximas estabelecidas pela legislação judiciária, meras generalizações retiradas das decisões e das opiniões dos juízes, ou mesmo de leis que, tendo sido aprovadas para dar conta de exigências específicas, muito se parecem com as decisões judiciais e de fato são sentenças pronunciadas pela *High Court of Parliament*" (A.V. Dicey, *The Law of the Constitution*, cit., p. 116).

[119] A.V. Dicey, *The Law of the Constitution*, cit., p. 116.

Para compreender a tese de Dicey é preciso voltar à gênese do sistema inglês. A relação entre Parlamento, Governo e corpo jurídico desenvolveu-se na Inglaterra a partir de um confronto no qual se viram Cortes e o Parlamento aliados contra a Coroa. Estes episódios fizeram com que, como sublinha Dicey, o Parlamento mostrasse uma tendência a proteger a independência dos juízes, enquanto os soberanos procuravam garantir os funcionários públicos no exercício de seus poderes.[120] A evolução histórica, portanto, levou a uma situação onde o Parlamento era soberano, mas devia exercitar a própria soberania de acordo com as Cortes, suas aliadas. É a práxis judicial, possibilitada por esta peculiar relação, que torna plausível a concepção do *rule of law* proposta em *The Law of the Constitution*.

O Parlamento exprime a própria vontade somente através dos *Acts of Parliament*. Este dado, afirma Dicey, aumenta enormemente a autoridade dos juízes. Centro da concepção do *rule of law* elaborada por Dicey é a aceitação de que toda lei atribui às Cortes ordinárias tanto o poder de aplicá-la, como aquele de julgar sobre sua aplicação pelos funcionários administrativos, isso por definição, e não em virtude de uma norma constitucional que limitasse a soberania do Parlamento.[121] É esta "regra" que permite a Dicey apresentar a soberania do Parlamento e a *rule of law* não só como mutuamente compatíveis, mas sinergéticas, e de afirmar que a supremacia do Direito torna necessário o exercício da soberania parlamentar.[122]

Mas isso não é tudo. Dicey sublinha ainda que é essencial para a vigência do *rule of law* que as Cortes se atenham, na interpretação da lei, exclusivamente a seu teor literal, como tradicionalmente o fizeram as Cortes inglesas:

---

[120] A.V. Dicey, *The Law of the Constituion*, cit., p. 270. O sinal mais evidente desta aliança-simbiose é que parece totalmente normal o fato que rigorosamente falando os juízes não são irremovíveis; podem ser removidos do encargo por decisões das duas Câmaras. Os magistrados aceitaram de bom grado ser "independents de qualquer poder do Estado, exceto aquele do Parlamento."

[121] Tem razão, portanto, Sir Ivor Jennings (*The Law and the Constitution*, London, London University Press, V edizione, 1967, p. 152-3) quando sublinha que o princípio fundamental da "constituição inglesa" não é a soberania do parlamento, como escreve Dicey, mas a regra segundo a qual as Cortes aplicam como direito aquilo que foi aprovado segundo as formas jurídicas prescritas: "as Cortes, de fato, não se interessam pela soberania, mas somente pelo Direito vigente. A 'soberania jurídica' é somente um nome para indicar que o legislativo tem, naquele momento, o direito de emanar leis de todo o tipo, segundo o procedimento previsto pelo Direito. Em outras palavras, uma norma promulgada pela Rainha, 'com o parecer e o consenso dos Lordes espirituais e temporais e dos Commons reunidos neste Parlamento e em virtude de sua autoridade', será reconhecida como Direito pelas Cortes." No mais, a própria noção diceyana de "soberania legal" implica que o poder do parlamento não seja originário e absoluto, mas que derive de uma fonte jurídica, do contrário não seria claro o que a tornaria "legal" (cfr. I. Jennings, *op. cit.*, p. 156).

[122] A.V. Dicey, *The Law of the Constituion*, cit., p. 271.

um projeto de lei aprovado pelo Parlamento torna-se imediatamente sujeito à interpretação judicial e os juízes ingleses sempre se recusaram, pelo menos como princípio, a interpretar uma lei do Parlamento se não fosse com referimento às palavras do texto aprovado.[123]

Esta prescrição poderia parecer uma proclamação ritual do princípio da subordinação das Cortes à vontade do legislador, ou seja, uma reafirmação daquele princípio que, na França, por um breve período, levou à introdução do *référé législatif*. Ao contrário, indica uma estrada exatamente oposta. Apelando aos juízes para que se atenham exclusivamente às palavras do texto legislativo, Dicey pretende lembrar-lhes que *não devem absolutamente levar em conta as intenções do legislador*: "um juiz inglês não levará em consideração [...] as mudanças que um projeto de lei possa ter sofrido entre o momento de sua primeira apresentação no Parlamento e aquele de sua promulgação pelo rei".[124] Esta regra hermenêutica, afirma Dicey, é um elemento fundamental para garantir a autoridade dos juízes e a estabilidade do Direito.

Portanto, segundo Dicey, o *rule of law* pressupõe que os juízes não considerem a lei como expressão da vontade do Parlamento. Ao contrário, ela deve ser considerada como um texto a ser inserido no corpo da *common law*, à luz do qual seu significado deve ser determinado. Os juízes, chamados a interpretar a lei, são influenciados não só pelos sentimentos típicos da magistratura, que, como vimos, é "zelosa" em sua relação com o poder executivo, mas também pelo espírito da *common law*. São essas posturas das Cortes, protegidas pela fidelidade à letra da lei, que constituem a pilastra do *rule of law*, assim como foi teorizado por Dicey. São esses comportamentos das Cortes que neutralizam o voluntarismo implícito no princípio da soberania do Parlamento e garantem a proteção das "liberdades dos ingleses".

Algumas observações de Fish[125] sobre o valor da fidelidade à letra do texto normativo esclarecem muito bem o sentido da operação de

---

[123] Ivi, p. 269.

[124] A.V. Dicey, *The Law of the Constitution,* cit., p. 269. Nesta ótica, o art. 12 das pré-leis do Codigo civil italiano que remete, como critérios hermenêuticos, na ordem, "o próprio significado das palavras", "sua conexão" e "a intenção do legislador", representa a expressão emblemática dos princípios da concepção rousseauniano-montesquieuniana. Evidentemente, desde um ponto de vista que assume que também o próprio sentido das palavras, assim como o de sua conexão sejam frutos de uma interpretação, o apelo à intenção do legislador acaba por ser o elemento caracterizador que contrapõe esta disciplina da interpretação da lei àquela que Dicey considera o sustento do *rule of law*.

[125] S. Fish, *Interpretative Authority in the Classroom and in Literary Criticism*, agora em Id., *Is There a Text in This Class? The Authority of the Interpretative Communities*, Cambridge (Mass.), Harvard University Press, 1980, tr. it. Torino: Einaudi, 1987, p. 195-6.

Dicey. Fish observou que a invocação do teor literal do texto só aparentemente prefigura a recusa de qualquer interpretação. Na realidade, com esta estratégia exegética, "um conjunto de princípios interpretativos é substituído por um outro que reivindica para si próprio a virtude de não ser absolutamente uma interpretação". Dicey parece perfeitamente ter consciência de que o "retorno ao texto" não é a rigor uma estratégia possível, porque o texto que se invoca será o texto postulado por uma outra interpretação. Ao mesmo tempo, parece convencido de que o fato de que ninguém possa invocar o teor literal do texto não torna menos eficaz essa estratégia de interpretação. O chamado à letra do texto é uma estratégia exegética, tanto mais eficaz quanto mais estiver radicada nos juristas a convicção que sua atividade deveria consistir em deixar que o texto fale por si próprio. Dicey parece seguro que invocando a fidelidade ao teor literal do texto obterá um retorno aos cânones interpretativos da *common law*. Apostando nessa convicção, consegue separar o texto legislativo de sua fonte de produção e entregá-lo nas mãos de seus intérpretes (o que é certamente um resultado paradoxal para uma teoria que apela para o teor literal da lei).

A operação realizada por Dicey, por mais estranha que possa parecer aos olhos do jurista eurocontinental, não é absolutamente excêntrica: ao contrário, insere-se no sulco da tradição da *common law*. A tese de que os juízes devam interpretar as leis de acordo com "as normas e o espírito do *common law*" remonta a Sir Edward Coke.[126] A tese de que os juízes devam interpretar as leis de acordo com as "normas e o espírito de" remonta a Carleton Kemp Allen, que em seu monumental *Law in the Making*,[127] destacou que a máxima de Coke é um "guia essencial" que assegura a continuidade do desenvolvimento do Direito, ajustando o impacto dos novos procedimentos legislativos de modo que se insiram no esquema constitucional existente. Como recentemente lembrou Postema,[128] esta tradição e o mito que a circunda colocaram,

---

[126] O domínio da "razão artificial" foi reivindicado por Coke como uma peculiaridade dos juristas de *common law* no curso de sua famosa controvérsia com Jaime I. Para uma discussão das teses defendidas por Coke nessa disputa e de sua concepção da "razão", permito-me remeter a E. Santoro, *Common Law e costituzione nell'Inghilterra moderna*, cit., p. 23-8. Limito-me a sublinhar a vizinhança entre a idéia de uma comunidade dos intérpretes e a idéia de Coke de uma comunidade que se caracteriza pelo uso da "razão artificial", que certamente merece ser desenvolvida e que provavelmente é o ponto que permite considerer a doutrina do *rule of law* como uma concepção do Estado de Direito adaptada ao Direito concebido como prática.

[127] C. K. Allen, *Law in the Making*, Oxford, Clarendon Press, 1964, p. 456-7. A primeira edição desta obra é de 1927; a ela seguiram-se outras seis. As citações foram tiradas da sétima, saída em 1964.

[128] G. J. Postema, *Bentham and the Common Law Tradition*, Oxford, Clarendon, 1986, p. 17.

ESTADO DE DIREITO E INTERPRETAÇÃO

como fundamento da atividade das Cortes, a convicção de que o Direito formalmente estatuído possa ser aceito no corpo do Direito inglês somente na medida em que seja integrável à *common law*.

Esta impostação chega a ponto de afirmar, analogamente, a quanto fizeram os jusrealistas do século XX, que os atos legislativos não constituem automaticamente Direito: os juízes podem, com a devida cautela e modalidade, recusarem-se a aceitar uma norma de lei como Direito. Como afirma Postema,[129] são em particular as teses de Sir Mathew Hale[130] que deixam entrever quais são as regras que, segundo a tradição de *common law*, presidem à recepção dos atos legislativos no Direito inglês. As leis são vistas como atos normativos que se inserem no interior do quadro dos princípios da *common law* e operam com base desse mesmo quadro. Quando parece impossível seguir essa via interpretativa, porque a lei se distancia claramente do quadro definido pela *common law*, os juízes devem interpretar a linguagem das normas legislativas de modo restritivo, de forma a preservar ao máximo a disciplina normativa da *common law*. Os juízes devem agir, assumindo a tese que o Parlamento pode ampliar ou restringir o alcance das normas da *common law,* mas não lhe alterar a substância ou acrescentar novas normas completamente estranhas a seu sistema. Podem interpretar e aplicar as leis exclusivamente com base nas categorias jurídicas tradicionais do *common law* e, reconstruindo as normas legislativas que aparentemente se distanciem do quadro definido por ela, à luz daquela "razão artificial" que Coke elevara a patrimônio específico dos juristas. Das páginas de Hale já emerge claramente o esquema apropriado por Dicey. De fato, Hale afirma que só o Parlamento tem o poder de produzir novo Direito, mas este produto tem um impacto e um significado limitado se não for incorporado na *common law*. Sem esta "incorporação" o ato legislativo é válido, por força da norma constitucional que autoriza sua produção – aquela que Dicey define "soberania do Parlamento" – mas existe exclusivamente como ato normativo isolado, como um momentâneo distúrbio na superfície do Direito que não deixa marcas profundas.

O Parlamento tem o poder constitucional de aprovar uma disciplina ainda que totalmente nova com relação àquela prevista pela *common law*, mas a simples aprovação não a torna automaticamente "Direito":

---

[129] G. J. Postema, *op. cit.*, p. 24-5.

[130] Para uma apresentação das teses deste autor e para um confronto com aquelas de Coke, remeto a meu *Common Law e costituzione nell"Inghilterra moderna*, cit, p. 29-32 e 37-41; veja-se também C. M. Gray, "Editor's Introduction", em M. Hale, *The History of the Common law, The University Press of Chicago*, Chicago and London, 1971, em especial p. XXI-XXXVII.

ela será "Direito" somente se e quando as Cortes a transformarem em parte integrante da *common law*, substituindo a regra preexistente. Em certo sentido, a soberania do Parlamento implica não o poder de *produzir* direito, mas o de *propor* direito, com a advertência de que, no imediato, as propostas terão validez jurídica, ainda que possa ser efêmera. Portanto, o Parlamento exerce a soberania legislativa, mas os juízes continuam, para usar ainda a célebre metáfora de Lewis Carrol, os verdadeiros *masters* do Direito: são eles que estabelecem – com base nos princípios da *common law* – quais são as regras. A teoria clássica da *common law*[131] se fundamenta na idéia de que "através da interpretação" os juízes exercem um "controle" constante sobre a legislação: como sublinha Allen, o princípio dominante, sempre presente na mente dos juízes, é a idéia de que a *common law* é mais ampla e mais fundamental do que as leis e que, portanto, "quando possível – o que significa, toda vez que os juízes o achem oportuno – os atos legislativos devem ser interpretados em harmonia e não em contraste com os princípios estabelecidos pela *common law*".[132]

A doutrina constitucional de Dicey, inserida no esquema traçado por Hale, e que logo se tornou o quadro de referência da teoria clássica da *common law*, parece coerente e significativa. As teses de Hale permitem compreender que a soberania do parlamento não se configura, no quadro constitucional traçado por Dicey, como a expressão mediata da soberania popular. Em última análise, a soberania sequer é uma prerrogativa do Parlamento, entendido como órgão do Estado. Essa tese aliás defende a soberania dos *Acts of Parliament*. É esta equiparação que permite a Dicey a redução do *rule of law* a princípio de legalidade. Porém, deve-se levar em conta que "soberania da lei" significa soberania dos *Acts,* assim como são interpretados a cada vez pelos juízes à luz dos princípios da *common law*. É seu contexto, e não a vontade do Parlamento ou do corpo eleitoral a guiar a concreta determinação do conteúdo da lei. Em outras palavras, Dicey pode reduzir a noção de *rule of law* ao princípio de legalidade, porque trabalha sobre uma tradição, aperfeiçoada por Hale, que pressupõe para que uma norma seja Direito de forma estável, não só sua aprovação pelo Parlamento, segundo de-

---

[131] Defino "teoria clássica da *common law*" aquela desenvolvida antes de Austin. Por outro lado, considero "teoria moderna da *common law*" aquela desenvolvida a partir da segunda metade do século XIX, sob influência dos ensinamentos austinianos. Desenvolvi essa distinção na segunda parte do meu *Common Law e Costituzione nell'Inghilterra moderna*, cit.

[132] C. K. Allen, *op. cit.*, p. 456.

ESTADO DE DIREITO E INTERPRETAÇÃO

terminadas modalidades – isto é, que seja um *Act of Parliament* – mas também sua avaliação segundo os padrões, os valores e os princípios próprios da *common law*. É este quadro teórico, em particular, que permite a convivência dentro de seu sistema de dois princípios aparentemente contraditórios, como a soberania do Parlamento e o *rule of law*, entendido num sentido substancial como proteção dos direitos fundamentais dos indivíduos.

Na perspectiva do Direito como "prática", o maior mérito que se pode atribuir a Dicey é aquele de ter posto radicalmente em questão o papel do juiz como "boca da lei" ou "boca da constituição" e de ter colocado o problema da tutela dos direitos no plano do papel das Cortes e da interpretação dos textos normativos. A concepção da independência do poder judiciário, fundamento desse paradigma, é muito diferente daquela que caracteriza a tradição de *common law*, à qual Dicey se filia. Enquanto a primeira atribui às Cortes somente uma independência orgânica, considerada funcional à neutra aplicação da vontade do legislador, a segunda atribui às Cortes também um poder normativo autônomo. Graças a essa última, como afirma Dicey em *Law and Public Opinion*, é possível que a interpretação de uma norma (principalmente quando constitui precedente) acabe por se constituir na extensão ou na fixação *ex novo* da mesma, ou seja, de fato na legislação; é natural que a linha de demarcação entre ambas atividades não possa ser traçada com precisão.[133]

Uma concepção como aquela rousseauniano-montesquieuniana mina, em seus fundamentos, o papel tradicionalmente exercido pelas Cortes da *common law* em defesa dos direitos individuais. Configura esse papel como uma usurpação do poder político,[134] uma vez que os direitos individuais, por definição, inibem o poder da maioria ou dos governantes de transformar em norma uma sua eventual vontade despótica. A concepção diceyana do *rule of law* se contrapõe, claramente, à concepção "fonográfica" do poder judicial, isto é, à idéia de que o juiz seja apenas um mero repetidor da vontade do legislador: ela atribui às Cortes um poder não apenas formalmente independente, mas também

---

[133] A. V. Dicey, *Lectures on the Relations between Law and Public Opinion in England during the Nineteenth Century*, London, Macmillan, 1914, tr. it. Bologna, il Mulino, 1997, p. 482.

[134] Este é o aspecto da doutrina da divisão dos poderes que Dicey considera incompatível com o sistema constitucional inglês. Em *Law and Public Opinion* (cit., p. 115), de fato escreve: "a democracia inglesa recebeu, em larga medida, as tradições do governo aristocrático, de quem é herdeira. As relações do poder judiciário com o executivo, com o parlamento e com o povo continuam ainda agora muito similares ao que eram no início do século e ninguém ousaria afirmar que o governo e a administração não estejam sujeitas ao controle e à interferência dos juízes."

dotado de uma função normativa autônoma, e que se realiza na tutela dos direitos individuais.

A tutela dos direitos individuais garantida pelas Cortes, quase configurada como um verdadeiro e próprio crivo de constitucionalidade, é o elemento que permite a Dicey afirmar que *rule of law*, entendida como tutela judicial dos direitos individuais, e soberania do Parlamento são compatíveis ou mesmo complementares. O Parlamento, contrariamente ao governo, age através das leis, e elas, diversamente dos atos administrativos, são aplicadas e, portanto, examinadas exclusivamente pelas Cortes ordinárias. Somente se as normas forem produto do Parlamento, as Cortes podem garantir a efetividade do *rule of law*, ou melhor, podem garantir os valores e os direitos da *common law constitution*. Segundo Dicey, o fato de que se insira o exame das Cortes entre a promulgação da lei e sua aplicação, ou seja, o fato de que a lei possa ser traduzida somente pelas Cortes em normas individuais, permitiu sujeitar a legislação, na Grã-Bretanha (e isso, ainda entre os séculos XIX e XX), a efetivas limitações de conteúdo e de âmbito para além dos vínculos de forma e conteúdo

Portanto, do sistema elaborado por Dicey, o *rule of law* emerge como princípio da jurisprudência que considera a legislação parlamentar como o produto de um processo democrático cuja legitimidade depende, em última instância, do respeito de alguns direitos fundamentais, os históricos "direitos dos ingleses". Um juiz respeita a vontade popular, assim como ela se exprime através das leis, porque sua "ideologia normativa" inclui o valor da democracia (ou, simplesmente, o princípio da soberania parlamentar). Mas a legitimidade de uma lei é uma legitimidade *prima facie*: o grau de democracia do Parlamento não deve induzir os juízes a aplicar automaticamente uma lei por ele aprovada, qualquer que seja seu conteúdo. O *rule of law* requer que uma lei formalmente válida que viole importantes direitos civis seja interpretada pelas Cortes coerentemente com os valores da liberdade e da autonomia individuais que, segundo Dicey, são os valores tradicionalmente garantidos pela *common law*.

A capacidade de assegurar garantia do sistema que Dicey elabora, colocando-se no sulco da tradição do *common law* traçado por Hale, é evidenciada por sua discussão dos "momentos de crise", isto é, quando o Parlamento aprova um *Act of Indemnity*, suspende a validade dos *Habeas Corpus Acts* ou concede poderes excepcionais ao governo para enfrentar uma situação de perigo. Estes atos legislativos representam, para usar as palavras de Dicey, "o extremo e supremo exercício da soberania parlamentar" e liberam a ação do poder executivo dos vínculos. Entretanto, mesmo nessas circunstâncias, o poder executivo deve agir, "mesmo quando é dotado da máxima autoridade, sob a supervisão, por assim dizer, das Cortes":

> os poderes conferidos ou sancionados por uma lei, ainda que extraordinários, nunca são realmente ilimitados, porque são circunscritos pelas palavras da própria lei e, (o que é) *mais importante, pela interpretação da lei dada pelos juízes.*[135]

Portanto, também no exercício da máxima expressão de sua soberania, o Parlamento é obrigado a exercer o próprio poder, se não em co-habitação com as Cortes ordinárias, ao menos levando em conta a espada de Dâmocles sobre seu sucessivo exame à luz dos cânones da *common law.* O poder é atribuído de fato ao executivo por uma lei e, conseqüentemente, segundo o postulado geral da teoria diceyana, a legitimidade dos atos realizados com base nela é remetida ao juízo das cortes ordinárias, titulares da competência para julgar sobre a correta aplicação de cada lei:

> o executivo inglês, portanto, tem necessidade do direito de exercer poderes discricionais, mas as Cortes devem impedir, e certamente o impedirão, quando estiver em jogo a liberdade pessoal, o exercício, pelo governo, de poderes discricionais de todo tipo.[136]

Portanto, também no caso de uma concessão de poderes excepcionais ao governo, o poder judicial não é um poder subordinado que se atém à vontade do Parlamento: ao contrário, é um poder autônomo que, através de sua atividade interpretativa, garante a tutela dos direitos dos cidadãos. Se as Cortes, por cultura hostil à concessão de poderes extraordinários ao governo, não devessem julgar a atribuição de tais poderes conforme os princípios da *common law*, considerariam o governo e os oficiais públicos responsáveis pelos atos realizados como se a lei especial não existisse. Mais uma vez, a validade da lei e a legitimidade do comportamento dos oficiais públicos dependem, para usar a linguagem de Hale, do fato de que as Cortes "recebam" ou não a lei extraordinária:

> o Parlamento é o legislador supremo, mas desde o momento em que manifestou sua vontade de legislador, ela se torna sujeita à

---

[135] A. V. Dicey, *The Law of the Constitution*, cit., p. 273 (negrito do autor).
[136] Idem, p. 272.

interpretação que lhe darão os juízes ordinários, e estes, *influen-ciados por seus sentimentos de magistrados tanto quanto pelo es-pírito geral da common law,* estão inclinados a interpretar as derrogações legislativas dos princípios do common law de um modo que não se recomendaria a um corpo de funcionários ou às Câmeras, se estas fossem chamadas a interpretar suas próprias leis.[137]

---

[137] Idem, p. 273 (grifo do autor)

9. Do "Estado da lei" ao "Estado dos direitos"

As doutrinas continentais do Estado de Direito repropuseram o esquema da relação entre teoria e prática à luz do qual o pensamento ocidental tradicionalmente concebeu o agir humano. Poderíamos dizer que, segundo esse esquema, o intelecto concebe a forma ideal (o Direito) e depois confia à vontade – uma "vontade de ferro" que infringe os obstáculos" (o poder executivo) – a tarefa de transformar o projeto em ações concretas. O "juiz" deve apenas vigiar a fim de que o poder executivo se mantenha fiel ao projeto, salvo, por razões "estratégicas", modificar o plano inicial, quando se percebe que as coisas se encaminham diversamente de como fora previsto.

Para dar conta do xeque em que um modelo ideal que guia a ação, o pensamento ocidental se serve do conceito de "atrito". Este conceito é suficientemente geral para permitir distinguir os eventos "reais" daquilo que se lê nos livros, de dar conta do fato de que o rendimento de um sistema jurídico ou de uma norma isolada se reduza "sob a influência de pequenas inumeráveis causas que é impossível apreciar convenientemente *a priori*".[138] Por mais que a "máquina" do Direito esteja bem "engraxada", de qualquer forma, restam infinitos pontos de atrito que, ainda que mínimos, produzem uma forte resistência ao bom funcionamento do mecanismo normativo. As doutrinas continentais do Estado de Direito, tomando seriamente o paradigma rousseauniano-montesquieuniano, foram pródigas no esforço de modelar aquilo que não suporta modelos: como era inevitável, a História mostrou que esse é um esforço vão, quando não, desesperado.

---

[138] A citação foi extraída de K. von Clausewitz, *Vom Kriege*, Berlin, 1832, tr. it. *Della guerra*, Milano, Mondadori, 1942. A leitura dessa obra (certamente, fora do tema) estimulou a reflexão sobre a relação entre plano de ação, lei e realidade magmática das interações e conflitos sociais, o "objeto vivo e reagente" na linguagem de Clausewitz.

A teoria jurídica moderna identificou na subjetividade do juiz o principal receptáculo dos elementos disfuncionais: o pessimismo antropológico levou a configurar aquele que decide como o principal responsável pela distância entre plano das normas e seu efetivo rendimento, como o catalisador de todos os atritos. Portanto, a subjetividade de quem decide é assumida como problema central da moderna teoria jurídica. A despeito das teorias "hercúleas" do juiz, tão caras a Ronald Dworkin e a seus seguidores, ou das teses de Posner, segundo a qual o juiz deve levar em conta o efeito econômico total (no breve e no longo prazo) de sua decisão, seria ilusório pensar em reduzir, graças a uma dose extra de teoria, a distância entre o plano do projeto jurídico e aquele das ações. As escolas norte-americanas que procuram resolver o problema da incerteza referindo-se a critérios normativos emprestados de outras disciplinas, iludem-se em poder superar a distância entre projeto e realidade através de uma construção teórica mais complexa: voltam-se a outras disciplinas, exatamente porque acreditam que a reflexão jurídica seja incapaz de fornecer essa dose extra de teoria. Mas, trata-se de um vínculo cego: nenhuma teoria geral pode ter êxito onde faliu o conjunto de dogmas jurídicos. A lacuna permanece insuperável e pode, no máximo, ser reduzida pela prática de decisões inseridas numa cultura jurídica específica, através de treinamento para tratar casos concretos.

Essa premissa levanta a questão: em quais condições uma ciência do Direito, entendida como limitação do poder do soberano, é possível? Por este caminho, arrisca-se chegar muito cedo à paradoxal conclusão que dentre as muitas formas lógicas que se esforçam em regular o mundo da ação, a mais rigorosa – aquela de "lei" – resulta inaplicável em virtude do dinamismo e da variedade dos fenômenos sociais. Os juristas e os legisladores parecem esquecer que o Direito não é uma atividade da vontade aplicada a uma matéria inerte. Sua peculiaridade, como destacam Viola e Zaccaria,[139] é aquela de ser pensado para as "ações", e não para as "obras", de ter que dar conta da variedade e da variabilidade da vida social, com a realidade magmática das mais diversas interações e dos mais diferentes conflitos. Tanto os juristas (e os legisladores) que se inspiraram no modelo rousseauniano-montesquieuniano, como aqueles que hoje se agarram às teorias morais ou econômicas, parecem não considerar seriamente a circunstância que a multiformidade e a intensividade reativa da vida social se subtraem a todo plano preestabelecido. A tendência recorrente do discurso jurídico em se tornar "dogmática",

---

[139] Viola – G. Zaccaria, *Diritto ed interpretazione. Lineamenti di teoria ermeneutica del diritto*, cit., p. 462.

ou seja, a se compreender não como uma prática dialógica, mas como um saber "imóvel e estável", é a mais eloqüente expressão da desesperada tentativa dos juristas de parar o tempo e a mudança. Como sublinha Costa,[140] "o mundo possível" que os juristas imaginam "é um mundo essencialmente ordenado, um mundo como *ordem*", uma "realidade arrumada e 'bloqueada' num jogo de encaixes onde os sujeitos, as ações, as normas, as transgressões estão previstos, sistematizados, colocados cada qual em seu lugar".

Na realidade, a ação do juiz (e, em geral, do jurista), cujo plano é tão freqüentemente turvado por fenômenos de caráter contingente e individual, deveria guiar-se muito mais pela sensibilidade e pelo talento individuais, e não pelas generalizações teóricas. O dado mais importante que me parece emergir da concepção do *rule of law* de Dicey é a consciência de que não existe outro caminho possível, senão o da tomada de consciência do inevitável déficit teórico de todo sistema normativo. Provavelmente, esta conclusão está em conflito com as convicções do próprio constitucionalista inglês, mas certamente não com os princípios inspiradores da *common law* ao qual seu pensamento remete. Dicey parece ciente da insustentabilidade do ideal que normalmente é associado à noção de "Estado de Direito": o ideal do governo da lei contraposto àquele dos homens. Ninguém pode pensar seriamente que uma comunidade seja governada por normas, e não por homens. Como defendeu Llewellyn, a representação correta é aquela de uma interação "*of man acting under and within rules, and under and within a tradition both of goodwill and of know-how each of which is part of what we know as 'under the law'*".[141] O ideal do governo da lei, isto é, o ideal segundo o qual as controvérsias são resolvidas pelo Direito, e não pela discricionariedade dos indivíduos, deve-se dar através de uma intensa interação com a realidade dos fenômenos sociais e das comunidades específicas às quais o juiz se refere.

Neste quadro, pode-se definir jusrealista a filosofia do *rule of law* que emerge das páginas de Dicey, uma vez que seu elemento dominante é a idéia de que a produção das normas não é tarefa exclusiva do legislador. É a idéia de que, para dar vida a um *rule of law* não puramente formal, é necessário que a produção das normas seja exercida sinergicamente pelo legislador e pelos juízes. A tradição de *common law* parece

---

[140] P. Costa, "Discorso giuridico e immaginazione. Ipotesi per una antropologia del giurista", cit., p. 32.
[141] K. Llewellyn, "Law and the Social Sciences – Especially Sociology", *Harvard Law Review*, LXII (1949), p. 1296.

tornar Dicey consciente de que o Direito não é o conjunto das normas de autoridade que estabelecem como os juízes (ou, em geral, os funcionários públicos) devem se comportar nos infinitos casos contingentes que se lhes deparem. O Direito, como os realistas norte-americanos e escandinavos enfatizaram, é feito de conceitos, princípios, ideais e padrões de comportamento, mais que de normas. Consiste num amplo espectro de instrumentos, que incorporam uma longa tradição, e de esquemas conceituais que formam os homens e plasmam seu trabalho. Uma parte não-desprezível do Direito são as "técnicas" e o "estilo de pensamento" que permitem desenvolver e aplicar o material normativo aos fins do controle social, da disciplina dos comportamentos e da resolução dos conflitos. Muitas dessas técnicas e uma parte consistente desse estilo de pensamento se transmitem e se aprendem sem que sejam verbalizados. O mérito de Dicey foi abrir o caminho que permite deslocar o *rule of law* do mundo das normas ao mundo das ações, dos comportamentos e do contexto social no qual a obra do jurista se coloca.

A concepção do *rule of law* que emerge das páginas de *The Law of the Constitution*, ainda que inspirada numa ideologia conservadora, parece levar em conta que uma parte importante do Direito e das instituições jurídicas se baseiam freqüentemente em ideais bastante vagos. A concepção do *rule of law* elaborada por Dicey permite assumir que as normas jurídicas *não são o Direito*: são apenas uma parte dos instrumentos à disposição das Cortes judiciárias e, em geral, dos juristas. O *rule of law* delineado por Dicey não toma distância da situação contingente e da subjetividade dos atores concretos do processo decisório para se refugiar no mundo das normas, mas põe no centro a perícia desses atores e as modalidades com que discutem sobre como resolver as controvérsias.

Muitos teóricos juspositivistas reconheceram que os juízes produzem (e não meramente aplicam) as normas. Esta tese foi defendida primeiramente pelo normativista Kelsen. Porém, depois dele, os juspositivistas, embora julgassem essa função normativa dos juízes como problemática, não criaram nenhum critério que os guiasse nesse exercício. Limitaram-se a insistir que a decisão do juiz deve levar em conta as normas que definem sua competência no caso específico. No mais, quando são obrigados a reconhecer que a personalidade deles influi nas decisões, limitam-se a dizer que o seu agir será "inevitavelmente" influenciado também por sua "consciência", termo muito vago (e que se ressente da filosofia emotivista) no qual também entram a moral, a ideologia e as idiossincrasias pessoais dos juízes. O mérito de Dicey é o de tematizar sem reticências a função normativa das Cortes ordinárias e de indicar os critérios, não morais ou econômicos, mas jurídicos aos quais devem se inspirar para que se possa falar de Estado de Direito.

Dicey traça a figura de um juiz que, transcendendo o mero dever de aplicar a lei, propõe-se como uma autoridade autônoma e com uma tarefa específica: tutelar os direitos fundamentais, mesmo resistindo à vontade do legislador. Portanto, segundo essa noção, para poder falar em *rule of law* é necessário não tanto que os juízes administrem a justiça com base em leis públicas, claras, não retroativas, etc., mas que interpretem os textos normativos sem medo de manipular-lhes o significado, de forma a não lesar os direitos considerados como fundamentais. Tem-se, em outras palavras, o *rule of law* quando um ordenamento jurídico confia aos juízes não a tarefa de aplicar a lei, mas aquela de resolver as controvérsias tutelando os direitos fundamentais. Essa tarefa não coincide com aquela de definir a melhor teoria dos direitos possíveis, como queria Dworkin quando propunha a figura "hercúlea" do juiz. A doutrina do *rule of law* de Dicey só pode ser fiel ao casuísmo da teoria da *common law* de Hale, sua principal fonte de inspiração. A idéia da "melhor teoria dos direitos possível" está longe de Dicey que elabora sua concepção de *rule of law* partindo de uma *common law constitution*, e não de uma Constituição escrita e, portanto, ordenada sistematicamente. O juiz deve tutelar os direitos dos cidadãos, consciente de que a qualquer momento tais direitos podem ser ameaçados também por normas que em abstrato estão em conformidade com a constituição. Para dar conta de tais tarefas, o juiz não deve recorrer a uma teoria coerente ou excelente dos direitos, mas deve somente apresentar os motivos de sua própria teoria, de modo considerado convincente pela comunidade dos juristas.

A concepção do Direito como "prática" coloca em evidência, para retomar a terminologia de Raz, que a "eficácia" do Direito depende não tanto do modo no qual as normas foram formuladas (por sua não-retroatividade, clareza, caráter público, etc.), quanto do modo em que são interpretadas. Esta concepção mostra que é a prática interpretativa que põe o Direito, para usar as palavras de Viola e Zaccaria,[142] em condições de "oferecer padrões comuns de ações para guia do comportamento dos membros de uma comunidade política, isto é, aquele de criar uma rede de regras e de expectativas estáveis, que permita aos indivíduos exercer

---

[142] F. Viola e G. Zaccaria, *Diritto ed interpretazione. Lineamenti di teoria ermeneutica del diritto*, cit., p. 459.

a autonomia pessoal numa lógica de interações". A teoria do *rule of law* elaborada por Dicey introduz um avanço: para que um sistema político não seja apenas dirigido pelo Direito, mas se possa definir um "Estado de Direito" é necessário que a práxis interpretativa seguida pelos juízes seja voltada à garantia dos direitos.

Abandonada a idéia do juiz "boca da lei", é natural assumir que "o jurista, como co-autor de textos prescritivos, como sujeito profissional inserido numa estreita e contínua interação com a classe política – não é raro que ele próprio seja expoente central daquela classe – não fornece instrumentos bons para qualquer fim, mas oferece à classe política um discurso que já inclui em si, espontaneamente, uma imagem de sociedade e um projeto de sociedade, uma idéia daquilo que a sociedade é e uma proposta daquilo que a sociedade deve se tornar".[143] Se se pretende elaborar uma teoria realista (ao invés de jusrealista) do Estado de Direito, deve-se levar em conta este dado de partida. Dicey parece fazê-lo e parece indicar que, porque existe um Estado de Direito, legislador e juiz devam participar na formação das normas perseguindo dois fins bem distintos (e conseqüentemente dois critérios de legitimidade bem diferenciados): a tarefa do legislador deve ser aquela de perseguir o bem coletivo, assim como ele próprio o compreende; a tarefa do juiz deve ser aquela de tutelar os direitos dos cidadãos (no caso de Dicey os direitos garantidos pela *common law*, mas, em geral, os direitos constitucionais, ou de qualquer modo extraídos da tradição constitucional).

O perfil do juiz ator fundamental do *rule of law* traçado por Dicey parece muito semelhante àquele do juiz ator fundamental do "Estado constitucional de direito" desenhado por Luigi Ferrajoli.[144] Também para ele, o juiz está caracterizado por "uma função e uma dimensão pragmática desconhecida à razão jurídica própria do velho juspositivismo dogmático e formalista"; atribui-se ao juiz a "responsabilidade civil e política" de perseguir, através operações interpretativas ou jurisdicionais "a efetividade dos princípios constitucionais – contudo, sem que seja possível iludir-se que estes sejam alguma vez inteiramente realizáveis". O que distingue as duas impostações é a concepção da ciência jurídica. Ferrajoli é contrário à idéia, cara a Dworkin e Posner, de que se deva recorrer a critérios externos para definir a tarefa do Direito. Para Ferrajoli, como para Dicey, "o constitucionalismo tomado seriamente" é projeção do "Direito pelo próprio Direito". O rigor dessa tarefa, po-

---

[143] P. Costa, "Discorso giuridico e immaginazione. Ipotesi per una antropologia del giurista", cit., p. 30.

[144] L. Ferrajoli, "Lo Stato di diritto tra passato e futuro", cit., p. 355-6.

rém, é remetido aos princípios do normativismo formalista e não, como na teoria de Dicey, às condições de assertividade elaboradas pela comunidade dos juristas de um determinado ordenamento constitucional.

Ferrajoli, em particular, assim como os partidários da concepção rousseauniano-montesquieuniana, está firmemente convencido da capacidade da linguagem de vincular as faculdades interpretativas do juiz. Sua principal preocupação é aquela de mostrar que a Constituição, longe de enfraquecer a "certeza do Direito", reforça-a. Aquilo que o preocupa é que a submissão da lei à Constituição "introduz um elemento de permanente incerteza sobre a validade da primeira", que em qualquer momento pode ser declarada em contraste com a segunda. Mas se apressa a afirmar que a Constituição "reduz a discricionariedade interpretativa, seja da jurisprudência, seja da ciência jurídica. De fato, em igualdade de condições, um mesmo texto de lei comporta, dependendo da existência ou não de princípios estabelecidos por uma constituição rígida, um leque de interpretações legítimas, no primeiro caso mais restrito e no segundo mais amplo".[145] O avanço com relação ao "paradigma paleopositivista" que Ferrajoli reivindica para sua concepção do "Estado constitucional de Direito" está no fato de que este último consiga disciplinar "não só as formas da produção jurídica, mas também os significados normativos produzidos". A novidade é representada pelo fato de que o juiz do "Estado constitucional de Direito" tem "simultaneamente, o papel, científico e político", "de verificar [...] as antinomias geradas pela presença de normas que violam os direitos de liberdade, como as lacunas geradas pela ausência de normas que satisfaçam os direitos sociais e, por outro lado, de solicitar a anulação das primeiras, porque inválidas e a introdução das segundas, porque devidas".[146] Mas, a tarefa desse juiz, ao mesmo tempo ator científico e político, é sempre uma tarefa meramente recognitiva. Deve verificar o que é o Direito, tendo presente que os princípios proclamados pela constituição são Direito:

> também as leis, por sua vez, são reguladas por normas sobre sua própria produção: portanto, não só são condicionantes, como regra de língua, da validade das decisões expressa em linguagem jurídica, mas por sua vez são condicionadas em sua própria validade, como expressões em linguagem jurídica, por normas superiores que lhes regulam não só a forma, mas também o significado. É nessas normas substanciais sobre o significado que residem os fun-

---

[145] *Idem*, p. 355.
[146] *Idem*, p. 355.

ESTADO DE DIREITO E INTERPRETAÇÃO

damentos do Estado constitucional de Direito: seja porque eles imponham limites, como no caso dos direitos de liberdade, seja porque imponham obrigações, como no caso dos direitos sociais.[147]

O juiz do "Estado constitucional de Direito" é vinculado pelo princípio de estreita legalidade, como aquele da concepção rousseauniano-montesquieuniana: sempre é, e de qualquer forma, "boca da lei" – neste caso da lei constitucional – e seu âmbito de ação é sempre delimitado por critérios formais, como a incoerência e a incompletude das normas, as antinomias do ordenamento, suas lacunas. Ferrajoli tem perfeita consciência de permanecer na esteira dessa tradição, aliás, reivindica com orgulho tal filiação: "o fato que esta seja a velha receita iluminista não lhe tolhe valor. O fato que tudo isso, há dois séculos, fosse válido, quando a codificação possibilitou a passagem do arbítrio dos juízes, próprio do velho Direito jurisprudencial, ao Estado de Direito, não o torna menos válido hoje, quando a inflação legislativa praticamente fez regredir o sistema penal à incerteza do Direito pré-moderno".[148]

Um Estado no qual vige o *rule of law*, da forma como Dicey o pensa, não é aquele que permite estabelecer com certeza se um determinado direito é reconhecido ou não pelo ordenamento jurídico, mas é aquele que garante que quem estabelecerá quais são os direitos das partes numa determinada situação terá a propensão cultural de avaliar cuidadosamente os direitos fundamentais em questão. Nessa ótica, o *rule of law* não depende (apenas) das características formais do ordenamento, da "moralidade" da lei, por assim dizê-lo com Fuller, mas é alimentado pela cultura jurídica de um determinado país, pela "ideologia normativa" que o caracteriza. O *rule of law* comporta uma formação dos juízes, e do corpo forense em geral, muito diferente daquela que foi

---

[147] *Idem*, p. 359.

[148] Idem, p. 369-70. Na verdade, às vezes parece que Ferrajoli esteja convencido que se deva abandonar a idéia que as palavras tenham um significado auto-evidente e que, portanto, os textos normativos possam limitar o poder dos atores. Afirma, por exemplo (p. 362) que "a dimensão pragmática da ciência jurídica" está ligada ao fato que 'as normas e os princípios são apenas significados, e não existem apenas em virtude de suas enunciações legais, mas também e sobretudo em quanto significados compartilhados pela cultura jurídica e pelo senso comum". Mas estas tímidas aberturas à concepção do Direito como prática, isto é, a uma concepção do fenômeno jurídico que renuncia à suposição que os significados são dados e, ao contrário, reconhece que são frutos do uso dos termos lingüísticos, das variáveis condições de afirmabilidade de uma determinada comunidade, ficam submersas por uma dezena de afirmações que fazem referência aos textos normativos, antes de tudo constitucionais, como textos dotados de um significado auto-evidente que indicam claramente aos juízes o que devem fazer. Assim, suas teses terminam por representar a primeira demonstração do fato que, como ele escreve (p. 362) "a nossa cultura jurídica, ainda é, de fato, amplamente paleo-positivista".

historicamente dominante nos países da Europa continental. Ao mesmo tempo, isso remete a um perfil cultural e profissional do juiz muito diverso daquele auspiciado nos últimos decênios pelos teóricos norte-americanos do Direito. Quando Alessandro Pizzorno,[149] num feliz e importante ensaio sobre a expansão do poder judiciário, enfatiza o aparecimento e a difusão de uma prática que pode ser definida como "controle da honestidade política" ou "controle da virtude" pela magistratura nos confrontos com a classe política, adota como chave de leitura teorias como aquelas de Dworkin e de Posner. Ao contrário, a idéia de *rule of law* defendida por Dicey está fortemente centrada na figura de um juiz que não deve se propor desenvolver uma função de "suplência" com relação a outros poderes e, em particular, com relação à opinião pública, mas deve desenvolver a própria função judicial, realizando um controle de "legalidade", e não de "moralidade". Para que um país possa ser caracterizado, como escreve Dicey, pela "supremacia do *rule of law*", deve-se formar um corpo jurídico dotado, para retomar mais uma vez a terminologia de Ross, de uma "consciência jurídica formal" que o incite não somente a respeitar os atos legislativos, aprovados segundo os procedimentos previstos, mas também a tutelar os direitos e bens jurídicos tidos como fundamentais. Isto quer dizer que nas faculdades se deve ensinar aos futuros juízes não só a verificar, de forma mais ou menos unívoca, se existe no ordenamento jurídico uma norma capaz de regular o caso a julgar, mas também como esta norma incide concretamente sobre os direitos fundamentais das partes e quais são as modalidades retóricas que permitem, eventualmente, neutralizar uma norma que desrespeite esses direitos.[150]

Para perceber a relevância desta concepção do Estado de direito, é suficiente refletir sobre a circunstância que, definindo o *rule of law* como o instrumento que torna constitucionais os direitos tradicionais dos ingleses através da obra das Cortes, Dicey realiza uma consciente escolha de política do Direito, cujo sucesso obstaculizou a afirmação

---

[149] A. Pizzorno, *Il potere dei giudici. Stato democratico e controllo di virtù*, Roma-Bari, 1998.

[150] Para a teoria do Direito como prática, o jurista é em primeiro lugar o "membro competente" da comunidade dos intérpretes. Uso a expressão "membro competente", no lugar do termo "ator", tal como o fazem os etnometodólogos, para destacar que o que conta, mais que a "pessoa" em si, é seu "domínio da linguagem" da comunidade com a qual interage. Esta conotação do jurista permite continuar a imaginar seu mundo, como quer a concepção rousseauniano-montesquieuana, como um mundo social exangue, desprovido dos conceitos de fim e de projeto e no qual os sujeitos são completamente imersos em banais e repetitivas rotinas. Porém, a teoria do Direito como prática permite também sublinhar que se o mundo dos juristas tem essas características não é porque não pode ser diferente, como afirma o normativismo, mas porque a comunidade política e os juristas quiseram que assim fosse. Isso quer dizer que não quiseram um Estado de Direito.

do projeto benthamiano. Bentham, como é notório, em sua celebérrima polêmica contra a Declaração de 1789, negara que os direitos pudessem ser concebidos como o acabamento necessário da liberdade individual e, portanto, como parte essencial da subjetividade político-social.[151] Para Bentham, os direitos de liberdade encontram fundamento na segurança[152] e esta não era um componente da esfera da liberdade natural, mas sim um "bem" por excelência, conferido pelo Estado, através da lei. Nesse quadro, a liberdade se configura não como um *prius* lógico, mas como um elemento da segurança, sua realização momentânea.[153]

Apoiando-se no princípio de legalidade, considerado igualmente compulsório para o poder executivo e para o judiciário, Bentham, como todos aqueles que se filiam ao paradigma rousseauniano-montesquieuniano,[154] identifica o "Estado de Direito" com o "Estado da lei". O Estado de Direito é conceitualizado como o Estado que, em primeiro lugar, tutela o interesse pela certeza do Direito, e não pela justiça, entendida como conjunto aberto de direitos fundamentais para os indivíduos que devem ser reconhecidos. O Estado de Direito é aquele onde impera a "justiça da positividade", para a qual o valor fundamental a tutelar é a *expectativa* do Direito suscitada pela lei, a *expectation*.[155] A simples idéia que o juiz possa "interpretar" a lei suscita em Bentham um frêmito de indignação. Sua polêmica contra a práxis do *case-law* é uma continuação, com tons igualmente acesos, daquela de Hobbes, segundo o qual: "se o juiz se atreve a arrogar-se o poder de interpretar a lei, tudo se torna arbítrio imprevisível. Frente a semelhante método,

---

[151] J. Bentham, *Anarchical Fallacies*, tr.em francês de 1816, É. Dumont (org.), *Sophismes anarchiques*, in *Oeuvres de Jerémie Bentham*, Société Belge de Librairie, Bruxelles 1840, vol. I, p. 505-526; a versão inglesa do texto agora é disponível em J. Waldron (ed.), *Nonsense upon Stilts: Bentham, Burke and Marx on the Rights of Man*, London, Mathuen, 1987.

[152] J. Bentham, *Principles of the Civil Code*, em J. Bowring (org.), *The Works of Jeremy Bentham*, I, Edimburgh, William Tait, 1843, p. 297-358, parte I, cap. 2.

[153] Escreve Bentham: "entre os objetivos perseguidos pela lei, a segurança é o único que se refere também ao futuro. A sobrevivência, a abundância e a igualdade podem existir apenas por um momento, mas a segurança implica, por definição, na duração no tempo de todos os benefícios a ela relacionados. Esta característica faz dela o objetivo prioritário". (J. Bentham, *Principles of the Civil Code*, cit., parte I, cap. 2).

[154] É emblemática a tese de outro dos grandes teóricos do jus-positivismo do século XIX, além de teórico do *Rechtsstaat*, Georg Jellinek, que em seu *Allgemeine Staatslehre*, (Berlin, 1922; tr. it. *La dottrina genenale del diritto dello Stato*, Milano, Giuffrè, 1949), fala em "assegurar aos súditos o mesmo direito", da "expectativa" e da "confiança" numa aplicação absolutamente certeira do Direito, como pontos cardinais do Estado de Direito.

[155] Além dos *Principles of the Civil Code*, veja-se o vol. III, p. 299, 307, 311 e ss. da edição das obras de Bentham, organizada por John Bowring, Edinburgh, 1843, onde se encontra o clássico trecho sobre *expectation* como fundamento da segurança jurídica.

qualquer segurança é reduzida".[156] Segundo Bentham, cuja crítica não poupa sequer os procedimentos interpretativos dos juristas da Europa continental (dos *Roman lawyers*), a práxis dos *common lawyers* torna impossível aquela segurança e previsibilidade incondicional que deveria ser o objetivo essencial do sistema jurídico.

A essa visão que faz do "Estado de Direito" um "Estado da lei", Dicey contrapõe uma teoria que pretende fazer do *rule of law* o centro de um "Estado dos direitos". Deslocando o acento da lei aos juízes, da "segurança-certeza" ao casuísmo interpretativo do *common law*, Dicey parece realizar uma operação mínima. No final das contas, em quê a tutela da segurança das expectativas é diferente da tutela do Direito?[157] A grande relevância dessa operação se torna evidente, quando Dicey, discutindo casos de emergência pública, afirma que os juízes devem garantir os direitos de liberdade dos cidadãos também contra a vontade do legislador. No plano da cultura jurídica, Dicey realiza uma operação de fundamental importância: passa da afirmação de que o juiz deve garantir a certeza do Direito àquela que, tarefa das Cortes é garantir os direitos de liberdade dos cidadãos; passa da indignação nos confrontos com as interpretações à idéia de que a interpretação é o instrumento essencial que permite aos juízes opor os direitos subjetivos dos indivíduos à vontade do legislador. Sem sair de um quadro *lato sensu* juspositivista, Dicey desloca o foco da segurança para os direitos de liberdade. A garantia dos direitos não é de forma alguma derivada da moral ou da natureza ou de outros sistemas normativos, mas é concebida como um resultado do Direito, "colocado" ou "produzido" artificialmente pelos homens e, portanto, confiado à sua responsabilidade, à modalidade com que pensam, projetam, produzem, interpretam e aplicam o Direito.

A importância desta concepção do *rule of law* parece evidente ao se examinar a evolução da jurisprudência anglo-saxônica ao longo do século XX. Já Dicey destacava a tendência das Cortes a trair seu papel de garantia dos direitos de liberdade, uma traição que atravessará o século e terminará teorizada de modo explícito no período tatcheriano.

---

[156] T. Hobbes, *op. cit.*, p. 375. Porém, há uma importante distinção que deve ser feita. Bentham pensa que a lei não necessita interpretação. Alinhado com o paradigma juspositivista, do qual é um dos principais elaboradores, considera que a aplicação da lei se aproxima ao ideal da "segurança" somente quando consiste numa simples função do texto claro e contido na lei.. Ao contrário, Hobbes (*op. cit.*, p. 269-70) é perfeitamente consciente de que toda lei necessita de uma interpretação, que não existe texto capaz de ser "aplicado", porém considera esta função prerrogativa do soberano . Se o juiz interpreta a lei, o poder soberano é fragmentado em tantos quantos sejam os juízes e se retorna ao estado de natureza (veja-se T. Hobbes, *op. cit.*, XXVI, p. 271-74, 319).

[157] A Corte européia de justiça, por exemplo, em sua jurisprudência, por várias vezes insistiu que a tutela dos direitos é essencialmente tutela das expectativas.

ESTADO DE DIREITO E INTERPRETAÇÃO

O *Floud Report,*[158] redigido na Inglaterra em 1981, e que logo se tornou um modelo para as políticas penais de grande parte do mundo norte-ocidental, afirma explicitamente que a tarefa das Cortes não é a tutela dos direitos de liberdade: ao contrário, seu dever, como afirmava Bentham, é garantir a segurança dos cidadãos. Esta nova teorização do papel das Cortes assume realisticamente que, nas sociedades complexas, se se quer controlar o risco, isso não deve ser atribuído a pessoas especificamente perigosas, mas a uma série de fatores abstratos que tornam mais ou menos provável a violação de expectativas por parte de determinadas classes de indivíduos. Só no âmbito de inteiras categorias de sujeitos se pode tratar a "carga de risco" que numa sociedade complexa ameaça a vida de cada um. O inimigo a derrotar não é mais o sujeito – seja ele um cidadão privado ou um agente público – que ameaça concretamente a liberdade dos indivíduos: qualquer um que represente em abstrato um perigo social, coloca em risco a expectativa de uma vida ordenada. A presença de fatores de risco cria automaticamente uma situação de alarme: o perigo é desvinculado completamente da existência de efetivos conflitos; ao contrário, é deduzido de categorias gerais e abstratas. O objetivo das Cortes não deve ser aquele de resolver uma situação concreta de conflito, e sim o de prevenir a possível manifestação de comportamentos indesejáveis. A obsessão pela "segurança" desloca silenciosamente a tarefa dos juízes da tutela dos direitos à prevenção, promove a suspeita ao nível científico de cálculo das probabilidades. Para ser suspeito, não é mais necessário atentar contra os direitos de outros cidadãos: é suficiente apresentar aquelas características que os magistrados, com base em inferências estatísticas, consideram fatores de risco.[159]

Que possam derivar "injustiças" desta impostação é quase dado por óbvio pelo *Floud Report*. De fato, reconhece-se que se limitam os direitos de uma pessoa que na realidade não é perigosa, cometendo injustiças, sem qualquer benefício para a segurança pública. Este risco é calculado e justificado: é necessário redistribuir uma carga de risco que o Estado não está em condição de reduzir. Também é previsto que essa política requer que sentenças de condenação, pronunciadas contra dois autores do mesmo delito sejam diferentes pelo tipo e quantidade da pena imposta. De fato, ela deve ser ajustada não ao delito cometido

---

[158] J. Floud – W. Young, *Dangerousness and Criminal Justice, Cambridge Studies in Cnminology XLVII,* Editor Sir Leon Radzinowicz, Heinemann, London 1981; um comentário da autora Jean Floud foi publicado com o mesmo título do *Report* no *The British Journal of Criminology,* vol. 22, 3/1982, p. 213-228.

[159] R. Castel, "From Dangerous to Risk", em G. Burchell, C. Cordon, P. Miller, *The Foucault Effect. Studies in Governmentality,* Londno, Harvester, 1991, p. 287-8.

pelo sujeito, e, sim, a supostos índices ligados à conduta, aos precedentes ou às modalidades do delito e ao grupo que ele habitual ou esporadicamente freqüenta, em resumo, à categoria de sujeitos perigosos na qual está inserido. Para exemplificar, um sujeito proveniente de um dos países do Magreb que "despacha" heroína, que não tem um emprego, nem residência fixa e que é ilegal, segundo os critérios do *Floud Report*, deve ser detido por medida cautelar e deve receber uma sentença muito mais dura daquela que deve ser dada a um "vendedor" de cocaína, italiano, que trabalha como intermediário financeiro, tem uma bela casa, uma família e a distribui exclusivamente em festas bem freqüentadas, consumindo-a ele próprio. Só o primeiro sujeito pertence a uma classe perigosa e isso basta, em nome da segurança, para justificar um tratamento diferenciado na aplicação de sanções.

Portanto, a retórica da inevitabilidade do risco e da necessidade de tutelar as expectativas é tão forte a ponto de obscurecer o valor da igualdade formal que, na mesma tradição positivista do Estado de Direito, representara um dos principais instrumentos de freio do Leviatã estatal. A concepção do "Estado de lei" que faz da segurança sua estrela polar, leva esta noção até o ponto de trair sua própria essência inspiradora. A ideologia da segurança que podemos definir como "benthamiana", chega a configurar as Cortes como agências disciplinadoras, como atores de um plano que pretende o controle absoluto sobre tudo aquilo que é acidental e que, enquanto imprevisível, é vivido como algo perigoso, em vez de instrumento de garantia dos direitos de liberdade. Essa impostação contrapõe um cientificismo do medo e da segurança à difusão da cultura dos direitos e da assim chamada "revolução das expectativas crescentes", propagando a idéia que a felicidade consiste em viver uma vida na qual nada acontece, na qual não existem surpresas.

A cultura do Estado de Direito, para ser digna desse nome, para ser fiel a seu núcleo axiológico originário, deveria se opor decididamente a essas tendências, embora, como é plausível, gozem do apoio da maioria dos cidadãos, preocupados por sua "segurança" e, portanto, traduzam-se em concretas medidas legislativas. Um "Estado dos direitos" é um Estado que assume realistamente que, como sublinhara Hobbes, o sistema político-administrativo busca tutelar a segurança dos cidadãos e se legitima através dessa obra,[160] mas, ao mesmo tempo, tem a coragem de identificar na magistratura o contrapoder capaz de frear o

---

[160] D. Zolo, *Il principato democratico. Per una teoria realistica della democrazia*, Milano: Feltrinelli, 1992, p. 73-120.

Leviatã estatal. É um Estado capaz de afirmar que as Cortes devem tutelar os direitos de cada cidadão, independentemente do impacto que essa tutela possa ter sobre a segurança coletiva, ainda que ao custo de transgredir a demanda por segurança dos demais.

Evidentemente, um Estado que procura confiar tamanha tarefa aos próprios juízes não pode se limitar a difundir através das Faculdades de Direito uma cultura legalista e formalista. Se o juiz é reduzido a "boca da lei", é natural que triunfe uma ideologia e uma práxis judiciária da "segurança". A concepção do Direito como prática permite teorizar para os juízes um papel ativo, e não meramente de reconhecimento, sem subordinar o preparo jurídico-científico e o adestramento técnico à Moral, à Política, à Economia e à Sociologia, ao contrário, apoiando-se no domínio da linguagem jurídica que essa preparação confere.

10. Conclusões: a atualidade da concepção jusrealista do Estado de Direito

Depois de ter argumentado a favor da concepção do Direito como prática social e de uma noção de "Estado de Direito" conseqüente, tento destacar a relevância e a atualidade desta última noção.

Na base da teoria oitocentista do Estado de Direito, havia a idéia de que o poder soberano gozava da prerrogativa do uso ilimitado da força. Esta é a tese fundamental dos modelos de Estados de Direito propostos no âmbito retórico: o *Rechtsstaat, l'état de droit, rule of law*. Mas, na realidade o poder soberano nunca se manifestava como um verdadeiro poder absoluto, efetivamente capaz de impor sua vontade e de realizar qualquer objetivo. A soberania ilimitada que é o estímulo para a idealização do Estado de Direito é, na realidade, sempre mais ou menos atenuada e limitada. Hoje, a idéia de uma soberania absoluta é certamente anacrônica. Na esteira das célebres teses de Weber, Ernest Gellner mostrou como o poder dos Estados se articula numa tríplice soberania: militar, econômica e cultural. A soberania do Estado está inseparavelmente ligada a sua capacidade de defender o território dos desafios de poderes, tanto externos como internos. Mas esta capacidade não é suficiente: é também fundamental a habilidade em acertar as contas da *Nationalökonomie* e em mobilizar recursos culturais para amalgamar a identidade coletiva específica dos súditos ou dos cidadãos. A globalização dos mercados financeiros com os fenômenos da desregulamentação e da flexibilidade do trabalho, da simplificação das transações, da diminuição dos ônus fiscais e a paralela globalização das trocas culturais e das informações que tende a difundir identidades particulares desvinculadas do contexto territorial, parece privar a soberania estatal de seus fundamentos. Quanto mais a economia foge do controle da política, quanto mais os meios de comunicação eletrônica abatem as distâncias e as fronteiras, permitindo o aparecimento de grupos virtuais que compartilham cultura e linguagem, tanto mais diminuem os recursos, econômicos e culturais, à disposição dos Estados e, assim, se corrói sua soberania. Neste quadro, aquele particular setor da ciência jurídica que são as teorias do Estado de Direito deveriam focalizar a idéia de que, pensar a "soberania" significa, em primeiro lugar, pensar como ela é levada a trair seu conceito.

A própria trajetória do Estado de Direito contribuiu, em sua vertente interna,[161] a tornar sempre menos plausível a idéia de uma "soberania ilimitada": não é casual que a explícita tematização da crise do poder soberano no interior do Estado caminhe *pari passu* com a institucionalização das Cortes constitucionais. Hoje, o Estado de Direito parece marcado por um poder judiciário que de fato se tornou o verdadeiro "guardião da Constituição", "de uma constituição na qual a *potestas* coercitiva do Direito diminui em relação a sua *potestas directiva*".[162] É à luz dessa trajetória que se pode entender a periódica reemergência, durante o século XX, do debate sobre "Estado jurisdicional" e "governo dos juízes". Este debate que se refere principalmente ao papel das Cortes constitucionais desenvolveu-se primeiro nos Estados Unidos[163] e depois chegou à Europa, principalmente em concomitância com o crescimento das atividades da Corte européia de justiça.[164] Notou-se que a atividade das Cortes constitucionais – e da Corte européia de justiça – incidiu profundamente sobre a concepção de Direito das democracias ocidentais. A iniciativa legislativa e as escolhas políticas resultam condicionadas pela consideração das possíveis reações das Cortes constitucionais e, conseqüentemente, fala-se de "'judicialização' da política". Afirma-se que os ordenamentos que atribuem um poder crescente à jus-

---

[161] A progressiva afirmação dos direitos fundamentais, que definem uma área subtraída ao poder estatal, e da exigência de uma dimensão de governo supra-nacional levou Danilo Zolo a falar em "parábola da soberania". ("La sovranità: nascita, sviluppo e crisi di un paradigma politico", in Id., *I signori della pace*, Roma, Carocci, 1998, p. 107-32)

[162] P. P. Portinaro, "Oltre lo Stato di diritto. Tirannia dei giudici o anarchia degli avvocati?" in P. Costa, D. Zolo (org.), *Lo Stato di diritto. Storia, teoria, critica*, cit., p. 397. Gustavo Zagrebelsky (*Il diritto mite. Legge, diritti, giustizia*, Torino, Einaudi, 1992), a respeito desse fenômeno, falou em "direito atenuado".

[163] Veja-se E. Lambert, *Le gouvernement des juges et la lutte contre la législation sociale aux États-Unis* (1921), tr. it. Milano, Giuffrè, 1996 e L.B. Boudin, "Government by Judiciary", *Political Science Quarterly*, XXVI, 1911, p. 238-270.

[164] A. O'Neill; *The Government of Judges: The Impact of the European Court of Justice on the Constitutional Order of the United Kingdom*, Firenze, European University Institute Press, 1993; J. Weiler, "The Quiet Revolution: The European Court of Justice and Its Interlocutors", *Comparative Political Studies*, XXVI, 1994, p. 510-553. Sobre a relação entre competências das Cortes constitucionais européias, especialmente a italiana, e a Corte européia de justiça, veja-se. L. Ferrajoli, "Lo Stato di diritto tra passato e futuro", cit., p. 367 e 381-83.

tiça constitucional acabam por se preocupar mais com a garantia dos direitos e do princípio do Estado social, que com o princípio democrático.[165] Percorrendo o raciocínio de Hobbes, nota-se que, em caso de conflito com relação às normas, a última palavra cabe às Cortes constitucionais que são, portanto, o verdadeiro poder soberano: a política, e com ela a democracia, abdicaram em favor da aristocracia jurídica. Mas o que causa maior alarme é o fato de que a atividade das Cortes constitucionais transformou o controle de constitucionalidade, de uma atividade centralizada numa espécie de "poder difuso", encorajando os juízes a utilizarem os próprios poderes interpretativos, a recorrer sempre mais àquela que é definida como "interpretação de adequação" das disposições de lei.[166] Particularmente o final do século foi caracterizado por uma transformação do equilíbrio dos poderes com vantagem para o poder judiciário: a justiça assumiu um peso crescente na vida coletiva. Este fenômeno gerou muitas preocupações, tanto que se afirmou que estamos diante de uma degeneração do papel do poder judiciário que está produzindo uma profunda alteração do Estado de Direito,[167] ou, ao menos, de sua versão rousseauniano-montesquiana. Muitos falaram em "democracia judiciária" ou até mesmo de "tirania" ou "ditadura dos juízes".

Na base destes alarmismos, há uma visão oitocentista da democracia e do poder judiciário. No que se refere à democracia, não se leva em conta que, no plano substancial, não existe mais nada comparável ao Parlamento soberano do século XIX. No que se refere ao poder judiciário, a idéia do juiz "boca da lei" e do poder dos juízes como "poder nulo" não pode mais ser confundida com a idéia – seguramente irrenunciável – da autonomia do poder judiciário com relação ao governo político. Mesmo assumindo um ponto de vista rigorosamente democrático (rousseauniano-montesquiano), a neutralidade política do juiz, como demonstrou Niklas Luhmann,[168] nas sociedades complexas contemporâneas, é tecnicamente impossível. Estas sociedades pedem não um

---

[165] Veja-se P. P. Portinaro, *op. cit.*, 395.

[166] Veja-se. P.P. Portinaro, op. cit., p. 396, e R. Romboli, Giudicare la legge? La legge "giusta" nello stato costituzionale, em E. Ripepe (org), Interrogativi sul diritto "giusto", Pisa, SEU, 2000, p. 106.

[167] C.N. Tate -T. Vallinger (edited by), *The Global Expansion of Judicial Power*, New York, New York University Press, 1995 e o número monográfico da *International Political Science Review* (XV, 1994, n. 2) intitulado *The Judicialisation of Politics: a World-wide Phenomenon*. Para uma discussão sobre o juiz "guardião" em diferentes óticas,, veja-se L.M. Friedman, *Total Justice*, New York, Russel Sage, 1994 e A. Garapon, *Le gardien des promesses. Justice et démocratie*, Paris, Edition Odile Jacob, 1996.

[168] N. Luhmann, Politische Planung, Oplanden, Westdeutscher Verlag GMBH, 1971, tr. It. Stato di diritto e sistema sociale, Napoli, Guida, 1978, p. 59.

ESTADO DE DIREITO E INTERPRETAÇÃO

poder judiciário nulo, mas, ao contrário, um poder judiciário, ao mesmo tempo autônomo com relação ao governo político, mas fortemente ativo, capaz de vigiar "as exigências de coerência de um direito altamente complexo": um poder judiciário cuja autonomia se meça não em termos de fidelidade à vontade do legislador, de observância ao princípio de legalidade, mas em termos de capacidade de rejeitar "as grandiosas simplificações da política".

É a própria idéia que seja possível governar através de leis gerais e abstratas que se mostra impraticável. Hoje, os sujeitos que têm interesses relevantes e estruturados num determinado setor participam da tarefa de redação dos textos normativos daquele setor. Muitos textos legislativos são o produto de uma sistemática negociação através de diversos atores, cada um dos quais busca salvaguardar a possibilidade de ampliar o próprio espaço no momento em que se manifestam específicas controvérsias.[169] Esta práxis legislativa, muito distante da representação clássica da democracia, repercute inevitavelmente no papel do poder judiciário. Como destacou Píer Paulo Portinaro, é natural que as sociedades complexas "não possam ser governadas racionalmente de forma burocrática e hierárquica, mas também não podem ser confiadas inteiramente a mecanismos de auto-regulação espontâneos". Portanto, os órgãos judiciários "ocupam o centro nevrálgico numa paisagem social caracterizada por contrastantes (e simultâneas) tendências à juridificação e à desregulamentação, à regulamentação e à desinstitucionalização".[170] Os sistemas políticos das sociedades complexas delegam atribuições sempre mais amplas ao poder judiciário,[171] com base numa específica demanda dos cidadãos que percebem este poder como "menos invasivo, mais aberto, mais difuso e menos arbitrário que os poderes propriamente políticos". Uma concepção realista (e não jusrealista) do Estado de Direito não pode prescindir do fato de que o "juiz assume sempre mais os caracteres do '*factotum* institucional', cuja função não se limita a dirimir controvérsias, mas tende a resolver problemas que

---

[169] Dada esta práxis, sempre é mais difícil falar dos textos normativos como "expressões dos interesses de classe". Hoje, dado que muitos grupos participam do processo de redação do texto, ele parece mais um compromisso político. Porém, não se deve esquecer que há interesses, aqueles difusos, mais dificilmente representáveis, e sujeitos débeis que são sistematicamente excluídos da mesa das negociações onde se discutem temas relevantes para sua vida (imigrantes, dependência de drogas, doentes psíquicos, detentos, etc.).

[170] P. P. Portinaro, *op. cit.*, p. 392-3.

[171] Nessa direção vai também o fenômeno, que mereceria uma discussão *ad hoc*, da configuração quase "judicial" das novas autoridades administrativas independentes. Sobre o tema, pode-se ver A. Predieri, *L'erompere delle autorità amministrative indipendenti*, Firenze, Passigli, 1997; F. Bassi- F. Merusi (org.), *Mercati e amministrazioni indipendenti*, Milano, Giuffrè, 1993.

outros órgãos públicos, ou outras instituições sociais, não percebem em sua gravidade ou não estão em condições de afrontar de modo satisfatório".[172]

A atribuição do controle de constitucionalidade das leis a um órgão jurisdicional especial não pode ser considerada um ponto de chegada na trajetória do Estado de Direito: é somente uma etapa num itinerário. A estrada que o Estado de Direito percorreu, de *pari passu* com o progressivo fortalecimento do papel das Cortes constitucionais, é marcada, como destacou Pizzorno,[173] pelo reconhecimento do papel dos juízes na criação das normas, pela crescente tendência dos órgãos legislativos e administrativos em lhes delegar delicadas decisões jurisdicionais,[174] e pela ampliação do acesso dos cidadãos à justiça, para resolver controvérsias que tradicionalmente eram solucionadas por autoridades sociais ou administrativas. A estes elementos se deveria acrescentar, como afirmou Portinaro, a proliferação de "conflitos de responsabilidade" num cenário social definido como "irresponsabilidade organizada": "no conjunto, aumentam os danos coletivos, provocados por uma quantidade indeterminada de ações por uma quantidade indeterminada de sujeitos, com relação aos quais aflora cada vez mais a demanda de individuação dos responsáveis e cada vez mais problemática aparece a atribuição de responsabilidade individual e coletiva".[175] À complexidade dos processos sociais, soma-se aquela dos processos tecnológicos e produtivos que, tornando altamente incerta a base científica das decisões judiciárias, favorece o aumento das controvérsias sobre a responsabilidade, as quais exigem uma composição judiciária.[176]

Este ativismo judiciário, porém, longe de suscitar preocupações, parece insuficiente pela ausência de um quadro de referência que permita aos juízes assumir o papel de garantidor dos direitos que a complexidade da organização social contemporânea requer. De fato, "o processo de globalização parece ir, em direção a 'especialistocracias mercenárias, partidárias e advocatícias que desfrutam estrategicamente das oportunidades e dos recursos de uma *litigation society*",[177] mais que em direção a um governo ou a um "regime" internacional dos juízes. Se

---

[172] P. P. Portinaro, *op. cit.*, p. 393.

[173] A. Pizzorno, *Il potere dei giudici. Stato democratico e controllo di virtù*, cit., p. 12-13.

[174] Entre os elementos que contribuíram ao fortalecimento do prestígio e do poder dos juízes, não há como deixar de citar um patológico: a corrupção das classes políticas.

[175] P. P. Portinaro, *op. cit.*, p. 394.

[176] Veja-se F. Stella, *Giustizia e modernità. La protezione dell'innocente e la tutela delle vittime*, Milano, Giuffrè, 2001, p. 309 e ss.

[177] P. P. Portinaro, *op. cit.*, p. 397-8.

ESTADO DE DIREITO E INTERPRETAÇÃO

há uma figura que parece ameaçar os valores do Estado de Direito, esta não é certamente aquela do juiz, e nem aquela do juiz constitucional, mas sim a figura daquilo que Yves Dezalay[178] chamou de o "mercador de Direito". Quem hoje está expandindo o próprio poder e as próprias funções são os juristas que põem suas competências a serviço das grandes corporações multinacionais e das grandes instituições financeiras transnacionais, com relação ao poder das quais os Estados nacionais, enfraquecidos pela falta de recursos econômicos e culturais, "parecem cada vez menos em grau de opor um baluarte de garantia para defender os direitos fundamentais de indivíduos repentinamente tolhidos nas rodas da globalização".[179]

O processo total de integração econômica mundial, rotulado com o nome de "globalização", pode ser visto como uma derrota do Direito público, gerada pela ausência de limites, regras e controles, e como uma vitória dos grandes poderes econômicos privados. De *pari passu* com o enfraquecimento da soberania estatal, difundiu-se uma ideologia,[180] segundo a qual, o novo mundo do "capital nômade", no qual caíram todas as barreiras criadas pelos Estados para frear a mobilidade dos capitais, tornaria a vida de todos mais feliz. A liberdade, em primeiro lugar do movimento dos capitais e do comércio, seria o húmus que permite à riqueza crescer rapidamente, em benefício de toda a população mundial. Além disso, o controle do sistema econômico pelo mercado favoreceria a estabilidade da organização social planetária. Afirmou-se a crença de que a própria vida civil depende do mercado e que, conseqüentemente, a sociedade deve ser organizada de forma a permitir ao mercado que funcione segundo suas próprias leis. Não é mais a economia que deve ser compatível com um determinado sistema de relações sociais, mas são as relações sociais que se devem adequar à economia de mercado: a regulamentação da vida civil, em relação ao funcionamento do mercado,[181] torna-se um acessório.

Já há um século, Weber[182] esclarecera que a inclusão do direito de compra e venda como parte dos "direitos de liberdade", operada pela

---

[178] Y. Dezalay, Marchands de droit: la restruturation de l'ordre juridique international par les multinationales du droit, Paris, Fayard, 1992, tr. it. Milano, Giuffrè, 1995.

[179] P. P. Portinaro, *op. cit.*, p. 398.

[180] A. Scott, "Globalization: Social Process or Political Rhetoric?", em A. Scott (org.), *The Limits of Globalization*, London, Routledge, 1997.

[181] Veja-se K. Polanyi, *The Great Transformation*, New York, Holt, Rinehart & Winston, 1944, tr. it. Torino, Einaudi, 1974, p. 74.

[182] M. Weber, *Wirtschaft und Gesellschaft*, Tübingen, Mohr, 1922, tr. it. Milano, Comunità, 1995, vol. III, p. 19.

tradição liberal, representa uma mistura entre direitos radicalmente diferentes e, em certas condições, antinômicos. Weber destacava que os "direitos de liberdade" são uma "simples garantia contra determinados gêneros de perturbação feita por terceiros, especialmente pelo aparato estatal, no âmbito da postura juridicamente lícita (liberdade de movimento, liberdade de consciência, liberdade de dispor dos próprios bens, etc.)". Algo bem diverso são para Weber "os princípios jurídicos permissivos que remetem ao arbítrio dos indivíduos a regulamentação, em certos limites autônoma, de suas relações mediante negócios jurídicos". A ideologia liberal tende a apresentar o desenvolvimento da liberdade contratual "como uma diminuição de vínculos e um aumento de liberdade individual", mas, sublinhava o sociólogo alemão, "a correção formal" desta operação é relativa. Não se deve:

> cometer o erro corrente de pensar que aquela espécie de 'descentralização da produção jurídica' [...] – que se realiza nesta moderna forma de autonomia comercial esquematicamente delimitada – identifica-se com uma diminuição da medida de coerção exercida no âmbito de uma comunidade jurídica [...]. A crescente importância da 'liberdade contratual', e especialmente dos princípios de autorização – para os quais tudo é remetido à 'livre' estipulação – comporta certamente uma redução da esfera da coerção ameaçada por normas de comando e de proibições. Mas esta diminuição formal da coerção serve, evidentemente, apenas àqueles que estão em grau de fazer uso daquelas autorizações. O quanto ela aumenta a medida total de liberdade, no âmbito de uma dada comunidade jurídica, depende totalmente do ordenamento econômico concreto.[183]

A antinomia entre a liberdade contratual e a liberdade *tout court* deriva da profunda diferença entre os dois tipos de direitos subjetivos que as garantem. O direito de contrair livremente oferece "a possibilidade de usar, sem limitações jurídicas, da posse de determinados bens, para fazer – mediante um determinado emprego no mercado – um instrumento de aquisição de poder sobre os outros". Portanto, isso amplia um poder já existente, porque permite ao indivíduo traduzir seu poder econômico num poder jurídico. Ao contrário, a atribuição dos "direitos de liberdade" confere ao indivíduo "uma determinada esfera de liberdade 'inata' ou determinada por motivos extra-econômicos". Atribuindo um direito de liberdade, o ordenamento jurídico confere "uma fonte de

---

[183] M. Weber, *op. cit.*, p. 86.

potência" autônoma: o sujeito não percebe como reconhecido um poder que já possui, mas sim percebe como atribuído um poder "em virtude da existência do princípio jurídico a ele relativo" . Um direito de liberdade atribui freqüentemente um poder "a quem, sem ele, seria totalmente impotente".[184] Desta diferença, segue-se que, quando um ordenamento jurídico reconhece um direito de liberdade, pode-se avaliar seu efeito sobre a liberdade total num determinado contexto social,[185] enquanto, quando se modificam os espaços da liberdade contratual, não se pode dizer, somente com base nas "formas jurídicas", "se isso, na prática, tenha tido o resultado de aumentar a liberdade dos indivíduos de determinar as condições da própria existência ou se, ao contrário, apesar disso – ou talvez em parte por causa disso – tenha-se acentuado a tendência para uma esquematização coercitiva da existência".[186]

Nenhum requisito formal da liberdade de compra e venda pode modificar esta situação: por mais que se ampliem os esquemas contratuais admitidos, ou se autorizem as partes "para determinar livremente o conteúdo de um contrato – independentemente de todos os esquemas oficiais" – nada garante que as possibilidades formais reconhecidas pelo ordenamento sejam de fato acessíveis a todos. A liberdade contratual, qualquer que seja a forma juridicamente configurada, afirma Weber, deixa sempre a "possibilidade para o mais poderoso no mercado – [...] normalmente, o empreendedor – de fixar segundo seu arbítrio [...] as condições, e de oferecê-las ao trabalhador em busca de trabalho, para que ele o aceite ou o recuse; o que – dada a normal prioridade econômica, para quem procura emprego, da necessidade de trabalho – isso se traduz numa imposição unilateral". O sociólogo alemão afirmava essas teses no início do século XX, tendo, a sua frente, o dramático problema do contrato de trabalho: observa que o "direito formal de um trabalhador concluir um contrato de qualquer conteúdo, com qualquer empreendedor, não implica praticamente que o trabalhador em busca de ocupação tenha a mínima liberdade para determinar as próprias condições de trabalho".[187] Um discurso análogo pode ser feito para qualquer troca contratual concluída entre duas partes dotadas de um poder econômico-social marcadamente diferente. A liberdade contratual "aplica de forma

---

[184] M. Weber, *op. cit.*, p. 18-9.

[185] Naturalmente não se pode afirmar que todo reconhecimento de um direito de liberdade implique um aumento da liberdade total naquele contexto, porque frente a esse direito, derivam deveres para outros sujeitos.

[186] M. Weber, *op. cit.*, p. 85.

[187] Weber (*op. cit.* 85) acrescenta que "para isso, antes de tudo, o obstáculo é a diferenciação da efetiva distribuição da posse, garantida pelo Direito".

particularmente conseqüente o princípio *coactus voluit,*[188] enquanto se abstém de qualquer forma autoritária. Cabe ao 'livre' arbítrio dos interessados [...] se submeter ou não às condições do sujeito economicamente mais forte, em virtude de suas posses garantidas pelo Direito".[189]

Por este motivo, em nenhum ordenamento a liberdade contratual foi ilimitada, em nenhum ordenamento o Direito atribuiu sua garantia coercitiva a qualquer estipulação concluída pelas partes, independentemente de seu conteúdo. Historicamente "cada Direito poderia ser caracterizado precisamente com base no conteúdo dos contratos aos quais concede ou nega a garantia coercitiva".[190] Cada ordenamento jurídico procurou liberar do poder econômico e social determinadas "prerrogativas" ou determinados "direitos": o direito fundado na liberdade de compra e venda sempre se caracterizou como um Direito "especial". Os âmbitos governados por este Direito especial, os espaços reconhecidos à liberdade de contrair e sua amplidão, foram determinados historicamente pela estrutura da economia e pela força política dos diversos grupos de interesse. É evidente que os sujeitos mais interessados num ordenamento jurídico fundado na liberdade de contratar, e não em "direitos de liberdade", são os sujeitos que detêm uma posição de poder no mercado: é a seu interesse que "responde predominantemente a criação de 'princípios jurídicos de autorização' que criam esquemas de estipulações válidos, os quais – se formalmente são acessíveis a todos – de fato [...] favorecem, em última instância, somente a autonomia e a posição de potência desses sujeitos".[191]

A globalização, de um lado, caracterizada pelo enfraquecimento da soberania estatal e, de outro, pela legitimação do mercado enquanto instrumento por excelência de alocação dos recursos, no âmbito planetário, abre espaços, historicamente sem precedentes, à liberdade de contratar. O Direito da globalização, explorando também a falta de instituições juridicamente "competentes", certamente se está formando não através de leis públicas, gerais e abstratas, não retroativas, etc., mas através da sedimentação dos esquemas contratuais predispostos pelos sujeitos privados economicamente e contratualmente mais fortes. Portanto, isso não tem nada a ver com o Direito "intrinsecamente moral" de Fuller, mas é sinal do primado inquestionável da economia sobre a

---

188 *Coactus voluit*: expressão latina que significa "quis ou aceitou sob coação". (Nota dos tradutores).

189 M. Weber, *op. cit.*, p. 86.

190 M. Weber, *op. cit.*, p. 19.

191 M. Weber, *op. cit.*, p. 86.

ESTADO DE DIREITO E INTERPRETAÇÃO

política e do mercado sobre a esfera pública. Nesta situação, é muito difícil falar de "governo dos juízes": estes não têm nem a concreta possibilidade de garantir os direitos numa escala planetária, nem os instrumentos técnico-teóricos para isso, enquanto permanecerem prisioneiros do modelo do juiz "boca da lei". Se existem juristas que exercem um efetivo poder de governança, estes são os especialistas do *lobby* político, junto aos grandes centros internacionais ou nacionais do poder executivo e os especialistas do litígio de negócios, os *litigators*.[192] Aquele que foi saudado como um retorno da *lex mercatoria*[193] é, de fato, o reino de verdadeiras e próprias multinacionais do Direito Comercial e do Trabalho que decidem, no âmbito global, as controvérsias jurídicas. Na ausência de autoridades de regulação, o Direito dos negócios fundamenta-se nos esquemas contratuais predispostos pelas grandes *law firms* para as potentes corporações internacionais: os sujeitos fracos, e entre eles, muito freqüentemente os próprios Estados e suas Cortes constitucionais,[194] só podem aceitar estes esquemas contratuais com todas suas cláusulas, incluída aquela que determina o foro competente para julgar eventuais controvérsias: *coactus voluit*, com a tranqüilidade dos direitos de liberdade.

Nessa situação, os grandes estúdios forenses estão se tornando cada vez mais os verdadeiros *masters* do Direito, autênticos "donos do Direito", caracterizados, como destaca Portinaro, por "um maquiavelismo jurídico que, paulatinamente, afasta-os dos fundamentos culturais do Estado constitucional de matriz ocidental-cristã (colocando-os num irredutível conflito com os juristas que custodiam a constituição)":[195]

> à luz dessas colocações, a polêmica contra a 'especialistocracia' judiciária corre o risco de ser dirigida contra um falso objetivo. Ao contrário, fica claro o motivo pelo qual os juízes estão na mira de ofensivas convergentes: eles aparecem não só como guardiões de uma justiça comutativa que procura atenuar as diferenças da globalização, e de uma justiça distributiva, voltada a corrigir as rupturas de uma sociedade plasmada pela competição e pelo conflito de interesses privados, mas também como guardiões de uma justiça

---

[192] Y. Dezalay, *I mercanti del diritto* cit., p. 187.

[193] É a postura de M.R. Ferrarese, *Le istituzioni della globalizzazione. Diritto e diritti nella società transnazionale*, Bologna, il Mulino, 2000.

[194] Os tão temidos juízes constitucionais nacionais (italianos) de fato parecem impotentes frente a estes fenômenos, empachados como também estão de uma ideologia, aquela kelseniana, segundo a qual os direitos fundamentais fixam as garantias da liberdade individual "somente" em relação com o poder estatal.

[195] P. P. Portinaro, *op. cit.*, p. 398.

retributiva; surgindo assim, nas interpretações maldosas, como uma oligarquia de vingadores. Em particular, eles aparecem, de um lado, como os garantidores daquele compromisso social-democrata liberal que esteve na base do contemporâneo Estado de Direito – e dos direitos civis, políticos e sociais; de outro, os promotores de um controle de legalidade (e de moralidade pública) que entra em choque com as tendências à corrupção, para muitos fisiológicas, inerentes às dinâmicas de mercados globalizados que operam em condições culturais, sociais e políticas fortemente heterogêneas".[196]

A concepção rousseauniana-montesquiana do Estado de Direito – e, mais em geral, a concepção normativa e formalista do Direito – é agora um instrumento teórico inadequado à tarefa de regular a convivência social, garantindo os direitos fundamentais: o clamor que suscitam as sentenças capazes de pôr em dificuldade as grandes multinacionais prova que elas constituem mais a exceção que a regra. Confiar nessas concepções, significa condenar os juízes a uma posição de retaguarda, deixando-os entregues às mudanças sociais. A análise de Dezalay mostra que a evolução "espontânea" das sociedades globalizadas parece dirigir-se a um "sistema dualista de justiça", no qual coloca-se, paralelamente a uma "justiça sob medida" para os detentores do poder econômico, uma "justiça de massa para os 'consumidores' comuns".[197]

Portanto, seria necessário uma concepção do Estado de Direito capaz de responder à ameaça representada por este novo dualismo. O poder judiciário teria necessidade de uma noção de "Estado de Direito" que levasse em conta a progressiva perda de relevância não só do legislador ordinário, mas também daquele constitucional. Teria necessidade de um instrumento que lhe permitisse garantir os direitos numa *litigation society,* na qual, invariavelmente, prevalecem as estratégias mais inescrupulosas e as novas formas de macrocriminalidade transnacional.

O abandono das concepções formalistas, normativas, decisionistas ou ainda institucionalistas em favor de uma concepção do Direito como prática, longe de perder os valores da tradição do Estado de Direito, como defendem os sequazes das teorias de Rousseau, Montesquieu e Kelsen, é provavelmente o único instrumento teórico capaz de restaurar, no âmbito global, alguma autoridade do Direito e dos direitos, de enfrentar a mudança da economia do sofrimento.

---

[196] P. P. Portinaro, *op. cit.*, p. 399-400.
[197] Y. Dezalay, *op. cit.*, p. 223.

ESTADO DE DIREITO E INTERPRETAÇÃO

Hoje qualquer concepção do Estado de Direito deveria mover-se a partir da constatação que a ameaça aos direitos de liberdade, numa sociedade global dominada pelas forças e pelas leis do mercado, perfila-se, como já afirmava Weber[198] há um século, como:

> uma situação coercitiva – em linha geral voltada indiferentemente contra os trabalhadores e empreendedores, produtores e consumidores – que se reveste com a forma totalmente impessoal da inevitabilidade da adaptação às "leis" puramente econômicas da luta de mercado – sob pena da perda (pelo menos relativa) de poder econômico, ou, em certas circunstâncias, da perda da própria possibilidade de existência econômica.

Se o núcleo essencial do Estado de Direito é representado pela idéia de frear o "poder" através do Direito, uma concepção realista do Estado de Direito deveria perceber que hoje a parte oposta é cada vez menos representada pelo Leviatã estatal, agora freqüentemente mero instrumento das lógicas do mercado.[199] Aquilo que deve ser freado é um "poder" que se manifesta através de relações desprovidas de qualquer normal conteúdo emotivo, mas, nem por isso, vazias do caráter autoritário da coerção, que, aliás, tende a se acentuar. O problema de colocar um freio à coerção é hoje o problema da proliferação de formações cuja existência se apóia de forma específica na "disciplina" exigida pela competição econômica. Não são mais somente as empresas industriais capitalistas, para as quais se dirigia a atenção de Weber: é a inteira gama das instituições no interior das quais se desenvolve a vida dos cidadãos, a partir das próprias comunidades urbanas. Quanto mais impessoal e dissimulado se torna o uso do poder, quanto mais ele é exercido para defender a segurança, a liberdade de contratar, a produtividade e, portanto, o bem-estar econômico dos indivíduos, tanto mais incontrolável se torna a coerção autoritária, e tanto mais elitista se torna o círculo daqueles que concentram nas próprias mãos o poder de coerção (freqüentemente garantido pelos textos normativos).

---

[198] M. Weber, *op. cit.*, p. 87.

[199] Z. Bauman (*Globalization. The Human Consequences*, Cambridge-Oxford, Polity Press, 1998, tr. it. *Dentro la Globalizzazione*, Roma-Bari, Laterza, 1999, p. 77) afirmou que a nova ordem mundial necessita Estados fracos que "possam facilmente serem reduzidos ao (útil) papel de delegacias locais de polícia, que garantem aquele mínimo de ordem necessária para seguir com os negócios, mas que não representam freios eficazes à liberdade das empresas globais". Discuti esta tese em E. Santoro, "Criminal Policy", em R. Bellamy e A. Mason (eds.), *Polical Concepts*, Manchester, Manchester University Press, 2002.

Se nos propomos a frear o poder, hoje não é suficiente, se é que o foi antes, um corpo de textos normativos que sancionam os direitos de liberdade. Para citar uma vez mais Weber,[200] um corpo normativo – "por maior que seja o número dos 'direitos de liberdade' e das 'autorizações' que garante, e, ao contrário, por menor que seja aquele das normas de comando e de proibição nele contido – pode, em seus efeitos práticos, favorecer um aumento notável não só da coerção em geral, mas também do caráter autoritário de poderes coercitivos". O juiz que opera imerso numa comunidade dos intérpretes que elegeu como seu papel a defesa do "Estado dos direitos", aparece como a única figura em grau de regular e de reduzir, através de uma luta cotidiana, a cada controvérsia, o uso da coerção nas sociedades contemporâneas.

Em tempos que ora parecem longínquos, Luhmann[201] anunciara de forma lapidar que o Direito se tornara "muito complexo" e a organização das profissões legais "muito diferenciada" para que ainda se pudesse atribuir "uma substancial importância prática à unidade da formação e da orientação profissional." A impotência da comunidade dos juristas parece depender muito mais do fato de que eles se tenham entrincheirado numa concepção do Direito ainda ligada a ideologias do século XVIII ou XIX. Portanto, seria necessário criar uma comunidade de juristas animada pelo *ethos* dos direitos de liberdade, capaz de resistir às pressões provenientes de outros setores da vida social, em primeiro lugar, daquele econômico e daquele político. Certamente a (re)construção do "Estado dos direitos" é incompatível com a formação de juristas convictos que sua função primária seja caracterizar o Direito assim como formalmente é. Os juristas deveriam possuir um grande domínio dos instrumentos jurídicos formais – de seu *tool kit* profissional – mas deveriam, ao mesmo tempo, estar cientes que sua tarefa não é a de aplicar o Direito, mas problematizar os textos normativos. E problematizá-los significa verificar como e em que medida incidem na vida dos sujeitos e, portanto, utilizando habilmente os utensílios retóricos do *tool kit* profissional, ser capaz de garantir, nos casos singulares concretos, os direitos de liberdade contra a ideologia dominante da segurança e do contrato.

---

[200] M. Weber, *op. cit.*, p. 87.
[201] N. Luhmann, *op. cit.*, p. 63.

Referências

ALLAN, T. R. S. *Law, Liberty, and Justice*, Oxford, Clarendon Press, 1993.

ALLEN, C. K. *Law in the Making*, Oxford, Clarendon Press, 1964.

BAKER, G. P.; HACKER, P.M.S. *Scepticism, Rules and Language*, Oxford, Basil Blackwell, 1984.

BAUMAN, Z. *Globalization. The Human Consequences*, Cambridge-Oxford, Polity Press, 1998. (*Globalização*. Rio de Janeiro: Jorge Zahar, 1999).

BENTHAM, Jeremy. *Principles of the Civil Code*, In: J. Bowring (org.), *The Works of Jeremy Bentham*, I, Edimburgh, William Tait, 1843, p. 297-358.

——. *Anarchical Fallacies*, tr. francês de 1816, É. Dumont (org.), *Sophismes anarchiques*, in *Oeuvres de Jerémie Bentham*, Société Belge de Librairie, Bruxelles 1840, vol. I, p. 505-526.

BONGIOVANNI, G., *Reine Rechstslehre e dottrina giuridica dello Stato. H. Kelsen e la costituzione austríaca del 1920*, Milano, Giuffrè, 1998.

CAPPELLINI, P. "L'interpretazione inesauribile ovvero della normale creatività dell'interprete", *Ars Interpretandi*, 6, 2001.

CASTEL, R., "From Dangerous to Risk", em G. Burchell, C. Cordon, P. Miller, *The Foucault Effect. Studies in Governmentality*, London, Harvester, 1991.

CASTIGNONE, S. *Il realismo giuridico scandinavo e americano*, Bologna: il Mulino, 1981.

COSTA, Pietro "Discorso giuridico e immaginazione. Ipotesi per una antropologia del giurista", in *Diritto pubblico*, 1995.

——. "Lo Stato di diritto: una introduzione storica", in P. Costa, D. Zolo (orgs.), *Lo Stato di diritto. Storia, teoria, critica*, Milano: Feltrinelli, 2002.

——; ZOLO, Danilo (orgs.), *Lo Stato di diritto. Storia, teoria, critica*, Milano: Feltrinelli, 2002 (de próxima publicação no Brasil pela Editora Martins Fontes)

CRAMTON, Roger "Demystifing Legal Scholarship", *Geo. Law Journal*, 75 (1986)

DAVIDSON, Donald, "What Metaphors Mean", In: Id., *Inquiries into Truth and Interpretation*, Oxford, Oxford University Press, 1984.

DEZALAY, Yves *Marchands de droit: la restruturation de l'ordre juridique international par les multinationales du droit*, Paris, Fayard, 1992, tr. it. Milano, Giuffrè, 1995.

DICEY, A.V., *Lectures on the Relations between Law and Public Opinion in England during the Nineteenth Century*, London, Macmillan, 1914, tr. it. Bologna, il Mulino, 1997.

DWORKIN, Gerald. *The Theory and Practice of Autonomy*, Cambridge, Cambridge University Press, 1989.

DWORKIN. Ronald, *Taking Rights Seriously*, Cambridge (Mass.), Harvard University Press, 1977 (*Tomando os direitos à sério*, São Paulo: Martins Fontes, 2002)

ECO, Umberto, "Replica" In: S. Cavicchioli (a cura di), *Interpretazione e sovrainterpretazione. Un dibattito con R. Rorty, J. Culler e C. Brooke-Rose*, Milano, Bompiani, 1995.

ELIAS, Norbert, *Die Gesellschaft der Individuen*, Frankfurt, Suhrkamp, 1987 (*A sociedade dos indivíduos*, Rio de Janeiro: Jorge Zahar, 1994)

FERRAJOLI, Luigi, *La cultura giuridica nell'Italia del Novecento*, Laterza, Roma-Bari, 1999.

———. "Lo Stato di diritto tra passato e futuro", in P. Costa, D. Zolo (orgs), *Lo Stato di diritto, Storia, teoria, critica*, Milano, Feltrinelli, 2002.

———. *O estado constitucional de direito hoje: o modelo e a sua discrepância com a realidade*. Revista do Ministério Público, n. 61.

FERRARESE, M. R. *Le istituzioni della globalizzazione. Diritto e diritti nella società transnazionale*, Bologna, il Mulino, 2000.

FISH, S. *Is There a Text in This Class? The Authority of the Interpretative Communities*, Cambridge (Mass.), Harvard University Press, 1980, tr. it. Torino: Einaudi, 1987.

———. *Doing, What Comes Naturally*, Oxford, Clarendon Press, 1989

———. *Interpretative Authority in the Classroom and in Literary Criticism.*

FLOUD J. – YOUNG, W. *Dangerousness and Criminal Justice, Cambridge Studies in Cnminology XLVII*, Editor Sir Leon Radzinowicz, Heinemann, London 1981

FOUCAULT, Michel, Social Security in D. L. Kritzman (org.), Politics, Philosophy, Culture: interviews and Other Writings 1977-84, New York, Routledge, 1988,

———. *Lezione seconda. 14 gennaio 1976. Genealogia 2. Potere, diritto, verità*, In: *Difendere la società*, Firenze: Ponte alle Grazie, 1990 (*Em defesa da socidedade*, São Paulo: Martins Fontes, 2000).

FULLER, L. L. "Positivism and Fidelity to Law – A Reply to Professor Hart", Harvard Law Review, 71 (1958); veja-se também Id. The Morality of Law, New Haven (CT), Yale UP, 1969, tr. It. Milão, Giuffrè, 1986.

GARFINKEL, H.; SACKS, H.. "On Formal Structures of Practical Actions", In: J. McKinney – E. Tyriakian (org.), *Theoretical Sociology*, New York, Appleton-Century-Crofts, 1970

GOLDSWORTHY, J. *The Sovereignty of Parliament. History and Philosophy*, Oxford, Clarendon Press, 1999.

GOODMAN, Nelson. *Fact, Fiction and Forecast*, Cambridge (Mass.), Harvard University Press, 1983, tr. it. Bari, Laterza, 1985.

GRAY, C. M. "Editor's Introduction", In: M. Hale, The History of the Common law, The University Press of Chicago, Chicago and London, 1971

HART, H. L. A. *Essays in Jurisprudence and Philosophy*, Oxford, Clarendon Press, 1983.

———. *The Concept of Law*, London, Oxford University Press, 1961, tr. it. Torino, Einaudi, 1991. (*O Conceito de Direito*, Lisboa: Fundação Colouste Gulbenkain, 2ª Edição, 1994)

———. "Positivism and the Separation of Law and Morals", *Harvard Law Review*, 71 (1958)

HAYEK, F. von, *The Road to Serfdom*, London, Routledge & Kegan Paul, 1970 (*O Caminho da Servidão*, Rio de Janeiro: Ed. Instituto Liberal, 1990).

———. *The Constitution of Liberty*. London, Routledge & Kegan Paul, 1960, tr. It. *La società libera*, Firenze, Vallecchi, 1969.(*Os Fundamentos da Liberdade*, Brasília: Ed. UnB, 1983).

HEGLAND, Kenny. "Goodbye to Deconstruction", *University of Southern California Law Review*, 58 (1985)

HERGET, J. – WALLACE, s. "The German Free Law Movement as the Source of American Legal Realism", *Va. Law Review*, 73 (1987), p. 399 e sgs.

HOBBES, Thomas. *Leviathan*, Firenze, la Nuova Itália, 1987. (*O Leviatã ou Matéria, Forma e Poder de um Estado Eclesiástico e Civil.*, São Paulo: Os Pensadores, 4 ed., Nova Cultura, 1998).

HOHFELD, W. "The Relations Between Equity and Law", in *Michigan Law Review*, 11 (1913), 537 e ss., p. 540 n. 3.

HYLAND, R. "Shall We Dance?" In. P. Cappellini e B. Sordi, *Codici. Una riflessione di fine millenio*, Milano: Giuffré, 2002.

INTERNATIONAL COMMISSION OF JURISTS, *The Dynamic Aspects of the Rule of Law and Human Rights. Principles and Definitons*, Geneva, Int. Comm. of Jurists, s. d

———, *The Rule of Law in a Free Society*, Geneva, Int. Comm. Of Jurists, s.d.

JELLINEK, Georg. *Allgemeine Staatslehre*, (Berlin, 1922; tr. it. *La dottrina genenale del diritto dello Stato*, Milano, Giuffrè, 1949

JENNINGS, Ivor. *The Law and the Constitution*, London, London University Press, V ed., 1967.

KELSEN, Hand. *Reine Rechtslehre*, Wien, Deutucke, 1934. (*Teoria Pura do Direito*. São Paulo: Martins Fontes, 1998)

———. *La giustizia constituzionale*, tr. It. Milano: Giuffrè, 1981

———. *General Theory of Law and State, Cambridge,* University Press, 1945, tr. It. Milano, Edizioni di Comunità, 1959. (*Teoria Geral do Direito e do Estado*. São Paulo: Martins Fontes, 1998).

KOCK, H.J.- RÜSSMANN, H. *Juristiche Begründungslehre. Eine Einführung in Grundprobleme der Rechtswissenschaft*, München, Beck, 1982,

KRIPKE, Saul. *Wittgenstein on Rules and Private Language*, Oxford, Basil Blackwell, 1982, tr. it. Torino: Boringhieri, 1984.

LEONI, Bruno. *Freedom and the Law,* Princeton (NJ), D. van Nostrand, 1961; tr. It. Macerata, Liberilibri, 1995.

LLEWELLYN, K. "Law and the Social Sciences – Especially Sociology", *Harvard Law Review*, LXII (1949).

ESTADO DE DIREITO E INTERPRETAÇÃO

——. *The Bramble Bush: On Our Law and Its Study*, New York, Oceana Publications, 1930.

LOVEJOY, A.O., *The Great Chain of Being*, Cambridge (Mass.), Harvard University Press, 1957.

LUHMANN, Niklas. *Politische Planung*, Oplanden, Westdeutscher Verlag GMBH, 1971, tr. It. Stato di diritto e sistema sociale, Napoli, Guida, 1978.

MACINTYRE, Alisdair *After Virtue. A Study in Moral Theory,* Indiana, University of Notre Dame Press, 1984 (tr. it. Milano, Feltrinelli).

MCGINN, C. *Wittgenstein on Meaning*, Oxford, Basil Blackwell, 1984

MCILWAIN, C. H. *The High Court of Parliament and its Supremacy*, 1910, New York, Arno Press, 1979.

OAKESHOTT, Michael. *The rule of law*, in Id., *On History and Other Essays*, New York, Barnes and Noble, 1983 (*Sobre a história e outros ensaios*. São Paulo: Topbooks, 2003).

OLIVECRONA, Karl. *Law as Fact*, tr. it. *La struttura dell'ordinamento giuridico*, Milano, Etas, 1972.

PIZZORNO, Alessandro. *Il potere dei giudici. Stato democratico e controllo di virtù*, Roma-Bari, 1998.

POLANYI, Karl. *The Great Transformation*, New York, Holt, Rinehart & Winston, 1944, tr. it. Torino, Einaudi, 1974 (*A Grande Transformação*. Rio de Janeiro: Campus, 2000)

PORTINARO, Pier Paolo, "Oltre lo Stato di diritto. Tirannia dei giudici o anarchia degli avvocati?" in P. Costa, D. Zolo (org.), *Lo Stato di diritto. Storia, teoria, critica*, cit., p. 397. Gustavo Zagrebelsky (*Il diritto mite. Legge, diritti, giustizia*, Torino, Einaudi, 1992.

POSNER, R. A. *Tbe Problems of Jurisprudence*, Cambridge (Mass.), Harvard University Press, 1990, p. 390-391.

——. *Economic Analysis of Law,* Boston, Little Brown, 1973, p. 2021.

POSTEMA, G. J., *Bentham and the Common Law Tradition*, Oxford, Clarendon, 1986

RAZ, Joseph. "The Rule of Law and Its Virtue", *The Law Quarterly Review*, 1977, ora in Id., *The Authority of Law*, Oxford, Clarendon Press, 1979,

RORTY, Richard. *Consequences of Pragmatism*, Minneapolis, Minesota University Press, 1982, tr. it. Milano, Feltrinelli, 1986, p. 16 (*Conseqüências do Pragmatismo*. Lisboa: Instituto Piaget, 1999)

ROSS, Alf. *On Law and Justice*, London, Steven & Steven, 1958, tr. it. Torino, Einaudi, 1990 (Direito e Justiça, São Paulo: Edipro, 2000).

SANTORO, Emílio. "*Rule of law* e libertà degli inglesi. L'interpretazione di Albert Venn Dicey" In: P. Costa, D. Zolo (org.), *Lo Stato di diritto. Storia, teoria, critica*, cit., p. 397. Gustavo Zagrebelsky (*Il diritto mite. Legge, diritti, giustizia*, Torino, Einaudi, 1992.

——. "Le antinomie della cittadinanza: libertà negativa, diritti sociali e autonomia individuale", in D. Zolo (a cura di) *Cittadinanza: appartenenza, identità, diritti*, Bari, Laterza, 1994,

——. *Autonomia individuale, libertà e diritti, Una critica della Antropologia liberale*, Pisa: ETS, 1999.

——. *Common Law e costituzione nell'Inghilterra moderna. Una introduzione al pensiero di Albert Venn Dicey*, Torino, Giappicchelli, 1999

——. "Criminal Policy", In: R. Bellamy e A. Mason (eds.), *Polical Concepts*, Manchester, Manchester University Press, 2002.

——. *Castigo e Delito.* Verba Júris, Ano 2, vol. 2, 2003.

SCHMITT, Carl, *Über die drei Arten des rechtswissenschaftlichen Denkens*, Hamburg, Hanseatische Verlagsanstalt, 1934, tr. it. parcil "I tre tipi di pensiero giuridico", in Id., *Le categorie del politico*, Bologna, Il Mulino, 1972 (*O conceito do politico.* Petrópolis: Rio de Janeiro: Vozes, 1992).

SCOTT. A., "Globalization: Social Process or Political Rhetoric?", em A. Scott (org.), *The Limits of Globalization*, London, Routledge, 1997

SINGER, J. "Radical Moderation", *Am. B. Found. Res. Journal*, 1985, p. 329-30 e

STELLA. F. *Giustizia e modernità. La protezione dell'innocente e la tutela delle vittime*, Milano, Giuffrè, 2001,

TAYLOR, Charles. "Responsibility for Self". In: A.O. Rorty, *The Identities of the Persons*, Berkeley, University of California Press, 1976, p. 281-99,

UNGER, Roberto Mangabeira. *Knowledge and Politics*, N.Y., Free Press, 1975, tr. It. Bolonha: Il Mulino, 1983.

VIOLA. F. *Il diritto come pratica sociale*, Milano, Jaca Book, 1990.

——; ZACCARIA, G. *Diritto e interpretazione. Lineamenti di teoria ermeneutica del diritto*, Roma-Bari: Laterza, 1999

WALDRON, J. (ed.), *Nonsense upon Stilts: Bentham, Burke and Marx on the Rights of Man*, London, Mathuen, 1987

WATSON, G. (ed.), *Free Will*, Oxford, Oxford University Press, 1982.

WEBER, Max, *Wirtsschaft und Gesellschaft*, Tübingen, Mohr, 1922, tr. it. Milano, Comunità, 1995, vol. III (*Economia e sociedade: Fundamentos da Sociologia Compreensiva* [1922] Brasília, DF : Editora da Universidade de Brasília, 1991)

——. Politik als Beruf, em Id, Gesammelte Politische Schrifen, Munchem, 1921, tr. It. Turim, Einaudi, 1966 (*Ciência e Política; duas vocações.* Brasília: Ed. UnB 1991)

WITTGENSTEIN, Ludwig. *Philosophische Untersuchungen*, Oxford, Basil Blackwell, 1953, tr. it. Torino, Einaudi, 1967. (*Investigações Filosóficas.* São Paulo: Abril Cultural, 1984).

ZOLO, Danilo, *Il principato democratico. Per una teoria realistica della democrazia*, Milano: Feltrinelli, 1992

——. "La sovranità: nascita, sviluppo e crisi di un paradigma politico", in Id., *I signori della pace*, Roma, Carocci, 1998.

Outros textos disponíveis no Brasil

BAUMAN, Z. *Em busca da política.* Rio de Janeiro: Zahar, 2000.

BOBBIO, Norberto. *O Positivismo Jurídico – Lições de Filosofia do Direito.* São Paulo: Ícone Editora, 1995.

DWORKIN, Ronald. *O Império do Direito.* São Paulo: Martins Fontes, 1999.

HART. H. L. A. *Direito, liberdade, moralidade.* Porto Alegre: Sergio Antonio Fabris, 1987.

IKAWA, Daniela. *Hart, Dworkin e discricionariedade*, Lua Nova n. 61. São Paulo, 2004.

JENNINGS, Sir Ivor. *A constituição britânica.* Brasília: UnB, 1981.

LUHMANN, Niklas. *Sociologia do direito II.* Rio de Janeiro: Edições Tempo Brasileiro, 1985.

UNGER, Roberto Mangabeira, *O direito e o futuro da democracia, São Paulo: Bontempo, 2003.*

Impressão:
Editora Evangraf
Rua Waldomiro Schapke, 77 - P. Alegre, RS
Fone: (51) 3336.2466 - Fax: (51) 3336.0422
E-mail: evangraf@terra.com.br